# El Reloj de la Familia

Colección «FAMILIA»

1

# Fernando Vidal

# El Reloj de la Familia

## Guía práctica para proyectos de familias

2.ª edición

Mensajero

© Ediciones Mensajero, 2016
Grupo de Comunicación Loyola
Padre Lojendio, 2
48008 Bilbao – España
Tfno.: +34 94 447 0358 / Fax: +34 94 447 2630
info@grupocomunicacionloyola.com
www.gcloyola.com

*Dibujo de portada*:
Miryam Artola, Muxote Potolo Bat

*Diseño de cubierta*:
Magui Casanova

*Impreso en España. Printed in Spain*
ISBN: 978-84-271-3912-1
Depósito legal: BI-882-2016

*Fotocomposición*:
Rico Adrados, S.L. (Burgos)
www.ricoadrados.com

*Impresión y encuadernación*:
Grafo, S.A. – Basauri (Vizcaya)
www.grafo.es

# Índice

# Presentación

Este libro es una guía práctica para hacer *el Reloj de la Familia*, que *es una herramienta para impulsar el proyecto de cada familia*, en cualquier circunstancia en la que se encuentre. Un proyecto de familia es el modo en que un grupo familiar quiere vivir. Tener ese proyecto de familia es muy útil para la convivencia, para superar dificultades y para mejorar continuamente. Pero una y otra vez comprobamos que no es fácil encontrar un tiempo para hacerlo y cuando se tiene no se sabe muy bien de qué forma hacerlo. Aunque siempre hay un anhelo profundo por alcanzar mayor unidad, no hallamos bien cómo hacerlo, no sacamos tiempo ni tenemos dónde poder hacerlo o quien nos ayude. *El Reloj de la Familia proporciona a parejas y familias un cómo, un cuándo y un dónde.* La mejor forma de presentar el Reloj es respondiendo a las FAQ (*Frequently Asked Questions*, o preguntas más habituales) que se suelen plantear.

### ¿Qué es el Reloj de la Familia?

Es un proceso en ocho pasos para mejorar las capacidades de la familia para su vida común. Es un método práctico que consiste principalmente en ejercicios prácticos que hace cada unidad familiar. El Reloj de la Familia es un proceso en el que *hacemos una serie de experiencias sobre sentimientos y aspectos esenciales* alrededor de la vida y proyecto de familia: la gratitud, la libertad, la toma de decisiones, el fracaso, el perdón y el avanzar. No son conferencias ni charlas, sino ejercicios prácticos. No es un proceso terapéutico, sino una oportunidad para dialogar y crear en familia. No invade la intimidad de cada pareja, aunque da lugar a que podamos compartir lo esencial. Muchas familias han hecho ya la experiencia del Reloj de la Familia y las valoraciones son extremadamente positivas. Nos confirman en que muchas veces los cambios solo necesitan que *seamos capaces de mirarnos de nuevo a los ojos y dedicarnos tiempo* para crear juntos otra vez.

### ¿Para qué sirve?

Aunque todos damos por supuesta la familia y pareciera ser algo que funciona siempre de un modo natural, bien sabemos que un proyecto familiar feliz requiere atención y exige ser cuidado. El Reloj de la Familia es sobre todo una herramienta que da capacidades a la familia. Hace que la familia fortalezca sus vínculos, entrene habilidades, comparta una visión, ejercite la gratitud, dé ocasión a la reconciliación y se prepare para poder decidir mejor y más a una cada cosa. *«Descubrir» y «redescubrirnos» son dos palabras que resumen bien lo que ocurre* en esta experiencia del Reloj. Durante el proceso le damos sobre todo prioridad a que sean los mismos participantes los creadores de su propio progreso mediante el reencuentro y la reflexión. Hemos experimentado que las parejas y familias tienen muchos más recursos internos de los que a veces creen. Simplemente tienen que volver a creer en sí mismos y dar una oportunidad a la esperanza. No hay situación que se pueda dar por cerrada: *para amar siempre hay esperanza*. El Reloj de la Familia nos insiste en que estamos a tiempo si nos damos un tiempo para conversar y repensarnos.

## ¿Por qué se usa la metáfora del reloj?

Cuando traemos a nosotros la expresión «Reloj de la Familia», en muchos se suscita la imagen de un reloj en su hogar: en el salón, en la cocina, en las mesillas de noche o en sus teléfonos móviles. *En ocasiones en el hogar el reloj de cada uno va a un ritmo distinto*: unos adelantan y otros atrasan, puede que haya uno parado e incluso otro cuyas agujas se muevan, pero vayan al revés. Por supuesto que una familia sabe combinar a personas con ritmos vitales diferentes. Con frecuencia hay miembros en fases distintas de su vida y cada etapa tiene su propio ritmo. Pero de un modo u otro somos familia si estamos sincronizados: si a uno le toca la hora del dolor o el desasosiego, el resto de la familia sabe lo que les toca hacer. Si llega la hora de las alegrías, toda la familia acompaña al que se alegra. *Cuando una familia vive «desincronizada», lo que toca es parar y poner nuestros relojes en hora.*

En su novela *La mecánica del corazón*, el escritor francés Mathias Malzieu nos presenta a un niño al que, por su debilidad al nacer, una doctora le instala un reloj en su corazón. *–¡Este reloj te ayudará a tener un buen corazón!*, le dijo. Para el novelista, ese reloj es símbolo del interior del corazón que hay que cuidar. El niño sabe que el tictac de aquel reloj es el alma que le da ánimo en el centro de su ser. *–Para seguir con vida, cada mañana tendré que darle cuerda a mi corazón. Sin eso, podría dormirme para siempre–*, se decía. El reloj en el hogar también puede ser una metáfora del corazón de la familia. Nos sincroniza a todos para vivir en armonía, hacer cosas juntos, vivir juntos a un mismo ritmo. Como nuestros abuelos, hay que darle cuerda al reloj cada día con gestos, detalles y atención para que su mecanismo siga dando vueltas una y otra vez al amor. El sonido del reloj en un hogar simboliza el latir del corazón de la familia. El Reloj de la Familia propone que *pongamos un dedo en la flecha de la esfera y le demos una vuelta completa* a las horas básicas que marcan lo familiar. Estamos a tiempo de ir de nuevo a la vez. Para quienes han perdido el ritmo uno del otro, ya es hora de poner en marcha de nuevo el reloj a la vez. El Reloj de la Familia invita a todos los miembros de la familia a poner en hora el reloj de su corazón para vivir más sincronizados.

### ¿Cuál suele ser el principal problema?

Hemos comprobado que con frecuencia el problema de las parejas y familias procede de no encontrar la oportunidad adecuada para poder hablar las cosas de verdad. Las ocupaciones, las prisas y los cansancios *nos dejan sin tiempo para lo esencial*. Aunque parezca muy sencillo, no es fácil hacer sitio para lo más importante. Uno no encuentra el momento adecuado o no sabe cómo hablar de cosas que son complejas. Con frecuencia son sentimientos muy hondos, pero algo difusos o un sentir inquietante que cuesta explicitar. Así, *es fácil que dejemos pasar* las carencias. Poco a poco se nos va acumulando un sedimento de pequeños desgastes sobre el corazón. Una nieve ligera de desencuentros que quizás son tonterías, pero que acaban tapando nuestro sentir y nos desconectamos del otro. Puede que los consejos de un amigo o pariente nos consuelen o iluminen. Pero la tendencia es más bien tragarse los problemas o inquietudes hasta que no podemos más. Sin duda existen problemas graves en algunas familias, pero lo normal es que perdamos viveza bajo una fina lluvia de insignificancias. Por eso *cada cierto tiempo necesitamos renovar nuestro proyecto*. Es algo que se puede hacer de forma espontánea y natural. Quizás una serie de conversaciones importantes durante un verano o en un largo viaje en el que da tiempo a hablar de todo. Pero sería bueno que hubiera herramientas prácticas que nos ayudaran. Y *sería muy enriquecedor poder compartir la experiencia con otras parejas* y familias, pues nos podríamos ayudar mutuamente en cosas que la mayor parte de las veces son muy comunes.

### ¿Quién puede practicarlo?

El Reloj de la Familia *puede ser practicado por cualquier persona que viva en familia*. Puede ser realizado por grupos familiares, de dos en dos e incluso por personas solas que quieran revisar su vida en familia. Pueden realizarlo parejas, un padre o madre con otros familiares como hijos o abuelos. Alrededor del mundo, el Reloj de la Familia ha sido realizado por todo tipo de matrimonios o parejas, y de todas las edades. También ha sido realizado por personas que fueron pareja pero se han separado: aunque ya no vivan juntos, ellos tienen aún mucho en común –especialmente los hijos– y es bueno que compartan un proyecto. Aunque ya no se consideran pareja, siguen siendo familia. No se restringe a la familia nuclear, sino que el Reloj es una muy buena experiencia para familias extensas. Por ejemplo, hermanos y cuñados pueden hacer juntos este proceso y sin duda fortalece a la comunidad familiar que forman para cuidarse mejor, disfrutar más plenamente, liberarse de recelos y celebrar la vida. Allí donde hay algo de familia, es muy útil y sanador hacer el Reloj.

### ¿Se puede variar o adaptar el Reloj de la Familia?

Agradecemos mucho las continuas mejoras que relojeros alrededor del mundo hacen al método. Lo agradecemos doblemente si se nos hacen llegar esas mejoras para poder compartirlas con mucha más gente y hacer evolucionar el modelo. Aconsejamos hacer el ciclo completo del modelo más que limitarse a uno o dos tiempos, porque para la vida familiar es muy importante hacer el ciclo completo que va del agradecimiento a la reconciliación. Es un gran aprendizaje hacer ese ciclo completo y lo vamos a aplicar muchas veces en la vida: agradecimiento, libertad, decisión, fracaso y reconciliación forman una espiral que continuamente podemos aplicar en la vida. No obstante, las situaciones concretas aconsejan adaptar el Reloj y aplicarlo según las necesidades de las personas y las familias. En algunos casos, trabajamos con personas separadas y divorciadas, muchos con nuevas parejas y familias. El Reloj de la Familia es muy flexible para ser útil en cualquier situación en la que la familia se encuentre.

### ¿Cuándo es bueno hacer el Reloj de la Familia?

Aunque no haya graves problemas, el proyecto de cada familia necesita actualizarse debido a los cambios de ciclo, la edad, las circunstancias o la evolución de las personas que la forman. Quizás *los lenguajes se nos agotan cada cierto tiempo* y es preciso comprendernos de nuevo. Especialmente importante es el comienzo de la vida en pareja; sobre todo cuando se quiere formar juntos un nuevo hogar. Ese es momento para pensar y elegir nuestro proyecto común. El Reloj de la Familia es una herramienta práctica y universal para poder hacerlo.

### ¿Cuáles son los ocho pasos del método?

El Reloj es una herramienta muy sencilla: revisa *ocho cuestiones centrales en la realidad de cada pareja o familia*. Cada familia recorre su pasado, presente y futuro mediante ocho horas o pasos. Son las notas que componen la música de la familia: disponibilidad, gratitud, proyecto, libertades, deliberación, sabiduría del fracaso, reconciliación y re-formulación. Termina con una celebración. Cada uno de esos ocho tiempos tiene autonomía, aunque forman una secuencia que va desde el agradecimiento a la reconciliación y la reconstrucción del proyecto familiar. El Reloj de la Familia invita a darle la vuelta al proyecto familiar recorriendo ese ciclo de ocho pasos.

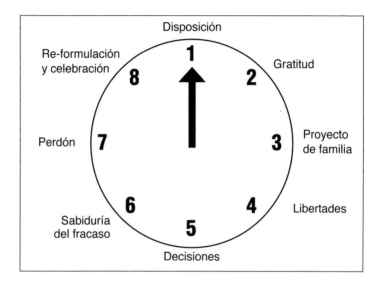

(1) **Disponibilidad.** El primer tiempo busca animar para que las personas comiencen con muy buena disposición. Al comienzo presenta el método para que los participantes se hagan una idea general del proceso. También las familias describen qué les preocupa del contexto en que se mueven y así se crea el marco del que partimos.

(2) **Gratitud.** Tenemos la experiencia de que todo lo bueno comienza o recomienza siempre por la gratitud. En este momento se identifican los

núcleos más sanos desde los que las personas pueden sacar fuerzas para mejorar. La gratitud las conecta con la vida, descubre acuíferos de esperanza, les hace contemplar la belleza que hay en su familia y hace aflorar los mejores sentimientos. En el ejercicio práctico, cada unidad familiar recorrerá su historia reflexionándola en clave de agradecimiento.

(3) **Proyecto de familia.** Cada unidad describe cuál ha sido hasta ese momento el proyecto familiar que ha funcionado. Para formular ese proyecto, el método proporciona una técnica que toma como imagen una casa y en ella se van respondiendo un conjunto de preguntas. Luego se hace síntesis hasta alcanzar una fórmula que con un solo lema y una imagen muestra la esencia de dicho proyecto.

(4) **Libertades.** Se revisa el desarrollo de cada miembro dentro de la familia, cómo esta ayuda al desarrollo de cada uno y cómo cada uno contribuye al desarrollo de los otros. Se ve cómo ese compromiso por la libertad de cada uno es clave para crear la unidad familiar.

(5) **Decisiones.** Este tiempo es una larga reflexión sobre cómo la familia discierne las cosas, cómo descubre los engaños del corazón, cómo deliberan cuando tienen que decidir o saber qué está pasando. Además de reflexionar, proporciona reglas para ser capaz de descubrir las trampas y descubrir juntos el camino correcto.

(6) **Sabiduría del fracaso.** Sabemos que muchas veces fallamos, pero nuestro enfoque no solo

quiere que tomemos conciencia de las heridas que ocasionamos al otro, sino que sean oportunidades para aprender.

(7) **Perdón.** Perdonar es el primer paso para la reconciliación, algo que tenemos que aprender continuamente a hacer personalmente, en pareja y como familia. Exige un sentido de intensa entrega al otro que trascienda las miserias cotidianas y los orgullos interiores. El Reloj da la oportunidad de sanar las heridas y aprender a ser mejores y, sobre todo, a «ser juntos».

(8) **Re-formulación y celebración.** El proyecto de familia original ha sido revisado a la luz de las libertades, con el fortalecimiento de los modos de decidir, los aprendizajes de los fracasos y la entrega en el perdón y la reconciliación. Es hora de que, siempre cimentados en la gratitud, reformulemos el proyecto y lo celebremos. Esa celebración da fin al ciclo del Reloj de la Familia.

### ¿Se hace con la propia familia o con un grupo de familias?

Aunque cada pareja o familia realice con privacidad la experiencia, *lo ideal es que mientras se hace se conviva con otras.* Por supuesto, es posible que una sola pareja realice este proceso, pero estar al lado de otras que lo estén viviendo ayuda a encontrar pistas, a solidarizarse con otros, a relativizar lo que uno vive al comprobar que muchos otros pasan por circunstancias similares. Aunque la familia conserva en todo momento su ámbito de intimidad y discreción, en parte también es una experiencia de grupo más amplio.

## ¿Cuántas parejas pueden hacer a la vez el Reloj de la Familia?

No hay limitación al número de participantes que pueden realizar a la vez la experiencia, pero hemos comprobado que un grupo *de siete a diez parejas o familias es idóneo* porque permite diversidad, pero a la vez conocer bien a todos los demás. Si los participantes en el Reloj de la Familia son muchos más, quizás sea bueno organizar grupos más pequeños para compartir al final de cada tiempo.

## ¿Pueden realizarlo niños?

El Reloj de la Familia está diseñado para que pueda hacerlo cualquier persona de cualquier edad. Hay experiencia de realizarlo padres e hijos juntos, e incluso con los abuelos también implicados. No obstante, quizás sea bueno *que primero lo hagan los adultos para poder hablar* aquellas cosas que es mejor compartir sin estar los hijos delante. Hay una modalidad que hace en paralelo los dos procesos. Las dinámicas las hacen adultos y niños o jóvenes por separado y luego las comparten en la unidad familiar. Finalmente hay una asamblea de familias donde se comparte cómo fue la experiencia.

## ¿Quién ayuda a seguir el Reloj?

El proceso está guiado por personas que van a ir explicando las dinámicas y animan y guían al grupo. Los llamamos «relojeros» porque ayudan a que nuestros relojes de familia se pongan en hora. Esos «relojeros» son gente que ya ha realizado la experiencia y tiene suficiente recorrido vital como para compartir buena parte de las principales vivencias de quienes hacen el Reloj. Somos *familias ayudando a familias*.

## ¿Hay que hablar con cada familia antes de que comiencen el Reloj?

Los participantes en el Reloj son muy diversos. A veces son personas que tienen mucha experiencia en dinámicas grupales y otras veces son familias que carecen de ella. Es importante que se garantice que cada familia conozca en qué consiste el proceso para que adapte sus expectativas. Pero el Reloj no hace selección previa: toda pareja y familia es bienvenida.

## ¿Puedo hacer el Reloj de la Familia si estoy en crisis con mi pareja?

Hacer el proceso será bueno o malo dependiendo de la tolerancia y generosidad con que se esté dispuesto a vivir. Si el conflicto es demasiado descarnado, es bueno que la pareja tenga mayor privacidad y haga el proceso, guiado por relojeros, en solitario sin la interferencia de otras parejas.

## ¿Quién nos ayuda si tenemos dudas o tenemos una crisis mientras hacemos el Reloj?

Durante el proceso los relojeros están disponibles para atender cualquier consulta sobre el método o cómo aplicarlo. Los relojeros no suelen ser profesionales de la psicología ni la bioética, sino familias preparadas para ayudar a otras familias. No obstante, durante todo el proceso habrá al menos un «acompañante» disponible para poder escuchar y conversar con aquellas personas que quieran.

## ¿En cuántos días se puede hacer el Reloj de la Familia?

Cada tiempo se realiza en aproximadamente 3 horas, lo cual suma 24 horas. Hay varias modalidades para realizarlo. Se puede hacer en 8 días independientes, haciendo cada día uno de los tiempos del Reloj. *La forma que hemos experimentado como ideal es hacerlo en dos fines de semana* completos (12 horas cada fin de semana) y es bueno que no sean dos fines de semana seguidos, sino que, al menos, es conveniente que pasen un par de semanas en medio para que las familias puedan ir profundizando y no se cansen. El primer fin de semana se realizarían los tiempos 1-3 y la mitad del 4 y el segundo fin de semana se terminaría el 4 y se harían los tiempos 5-8. También es posible hacerlo en 3 días seguidos o –de forma algo más comprimida, sin tanto tiempo para dedicar a cada paso– comenzar un viernes por la tarde y terminar un domingo por la tarde. Pero cuando se hace comprimido, los participantes tienen menos tiempo para profundizar y la eficacia es mucho menor.

## ¿Cómo se organiza cada sesión?

Cada sesión tiene siempre la misma estructura: son 4 partes precedidas de una acogida y se finaliza con una evaluación.

*(1) Acogida.* El Reloj de la Familia crea continuamente un ambiente de hospitalidad, reconocimiento, escucha y confianza. Cada vez que se comience una sesión es conveniente que haya un momento de acogida en el que se llama al ánimo y a la entrega de los participantes.

*(2) Inspiración.* El primer paso en cada sesión es un momento de 5-10 minutos de inspiración. Se puede ver un pequeño video o escuchar una canción –o cantarla si hay medios–. También es posible recurrir a un pequeño texto o poema inspirador.

*(3) Marco.* El segundo paso dura 15-20 minutos. Los relojeros de la sesión exponen los principales contenidos de la sesión y explican cómo hacer el ejercicio.

*(4) Ejercicio.* El tercer momento es el más largo y el más importante de la sesión. Cada unidad familiar o cada persona tiene aproximadamente 90 minutos para hacer el ejercicio. Generalmente, en una primera media hora cada persona lo hace por separado y luego hay una hora para hacerlo juntos la pareja o la familia.

*(5) Compartir.* En el cuarto momento se juntan todas las parejas y comparten cuáles han sido las líneas generales respecto al tema de cada tiempo. El límite de la intimidad que se quiera

compartir lo marca cada uno, pero nadie está ni mucho menos obligado a tener que contar lo ocurrido en el ejercicio.

(6) *Evaluación*. Finalmente, se ofrece un tiempo de evaluación personal mediante una ficha. Así cada persona y cada familia va teniendo una memoria escrita de lo vivido.

## ¿Qué tipo de relación hay con el resto de familias que hacen el Reloj?

Cada pareja y familia puede preservar plenamente la intimidad de su proceso. En los momentos de compartir con el grupo en su conjunto, se trata de hacer consideraciones generales sobre la cuestión que se está tratando (por ejemplo, la gratitud o la reconciliación). Los participantes siempre dan mucho valor al hecho de poder compartir con otros el proceso: se aprende unos de otros, hay mucho apoyo mutuo, se comparten sentimientos, soluciones o, simplemente, encontramos un lugar donde poder escucharnos y contemplar la vida real. En el Reloj es muy bueno propiciar los momentos de unión del grupo en las comidas, los cafés o los tiempos de descanso. En todas las ocasiones, el Reloj de la Familia se ha convertido en una excepcional experiencia de encuentro y amistad.

## ¿Quién ha diseñado este método?

La Comunidad de Vida Cristiana (CVX) de España se dio cuenta de que su gente sentía que la espiritualidad ignaciana había ayudado mucho a su vida de pareja y familia. ¿No podía ayudar esa tradición ignaciana a otras parejas y familias de parientes y amigos nuestros, fueran creyentes o no? *El Reloj de la Familia está hecho tejiendo la experiencia de cientos de familias* que lo hemos ido creando y practicando en diversos países del mundo. Primero un centenar de familias pensó qué era lo que más había ayudado de su espiritualidad ignaciana a su vida de pareja y familia. Después un equipo[1] modeló un método en colaboración con el Instituto Universitario de la Familia de la Universidad Pontificia Comillas. Posteriormente se hizo en 2013 una experiencia piloto y a continuación más de 50 experiencias en España y en otros países, de las que han surgido aportaciones para ir mejorando el método[2]. Desde entonces no han dejado de sucederse experiencias del Reloj de la Familia hasta que esta guía práctica llega a sus manos para *que esta herramienta siga creciendo cuando usted la pruebe.* Seguro que se le ocurrirán mejoras o nuevos recursos que puedan ayudar. Le animamos a contactar con nosotros y compartirlas.

En su conjunto, el lector podrá notar que detrás de cada idea está la viva experiencia de cientos de familias a las que la tradición ignaciana ya ha ayudado a crecer y a darse más. El Reloj de la Familia es *una metodología*

---

[1]  El equipo estuvo formado por los miembros de CVX-España Josep María Riera, Aurora Camps, María José Massanet, Fátima Carazo, Susana Gálvez y Fernando Vidal, y contamos con el asesoramiento metodológico de Josep Baquer SJ. Posteriormente Menchu Oliveros asumió la coordinación del equipo.

[2]  Queremos agradecer especialmente las contribuciones de los relojeros de CVX-Zaragoza Javier San Román, Menchu Oliveros, Miguel Bayarte y Menchu Cítores. También los textos elaborados por José Reyes y Cecilia Guzmán de CVX-Chile.

*muy realista basada en la mutua escucha.* Conforme lo han practicado cientos de familias más, hemos ido mejorando para que responda a lo que de verdad vivimos todos y desde ahí nos ayude a evolucionar.

## ¿Pero es un método para cristianos o para todos?

El Reloj de la Familia está inspirado en valores cristianos, pero lo puede practicar cualquier persona y tenemos experiencia en que sea compartido por creyentes y no creyentes. El Reloj está diseñado de modo que pueda ser aplicado como una herramienta pastoral cristiana o que se adapte a un grupo diverso en cuanto a creencias religiosas. Eso permite que participen parejas mixtas formadas por una persona creyente y otra que no lo es, personas de distintas confesiones o parejas no creyentes.

## ¿Y en qué ayuda principalmente la tradición de Ignacio de Loyola a las familias?

Difícilmente puede ser mejor definida la misión familiar que con estas palabras de Ignacio de Loyola: «*en todo amar y servir*». En la familia todos vivimos para todos, compartimos con todos y todos nos entregamos juntos para hacer un mundo mejor. La vida en una familia se dinamiza desde esos dos verbos: *amar y servir*. Amar y servir a los miembros de la propia familia y a la sociedad, especialmente a los que más sufren. Los lemas «en todo» y «con todos» recogen la clave de la familia en la tradición ignaciana: un profundo amar y servir *en todo y con todos* en lo profundo de la familia y hacia la universalidad y diversidad del mundo. La familia es el lugar más importante para la movilización profunda e integral de los individuos en la sociedad. Por eso la familia no solo ama y sirve a sus miembros, sino que –tanto juntos como individualmente– sirve para construir la familia humana. La familia no está llamada a vivir solo para sí, sino a que su propia vida genere más vida alrededor.

Usaremos una sencilla imagen: la espiritualidad ignaciana en las familias es como un molino de viento de cuatro aspas, que no cesa de mover el interior de las familias para que conviertan su tierra en pan para los suyos y para el mundo.

- La primera aspa del molino ignaciano de la familia mueve a la familia a abrirse a la universalidad y hacer cosas que merezcan ser eternas (ayudémonos «...*en las cosas que para siempre han de durar*», escribe Ignacio a su propia familia)[3]. Es decir, nos mueve a lo mayor, a dar más de nosotros mismos superando lo estrecho y lo que nos pierde.

- La segunda aspa del molino ignaciano mueve a las familias a la profundidad, a la comunicación y a poner atención a no engañarse. Ignacio no se resigna a ser solo familiares por la carne o sangre, sino que aspira a serlo también en espíritu: «*a mis deudos y parientes según la carne, para que también según el espíritu fuésemos*».

---

[3] Esto queda bien reflejado en una de sus cartas, enviada en junio de 1532 desde París a Martín García de Oñaz. En ella habla de sus propios familiares y expresa un deseo «*a mis deudos y parientes según la carne, para que también según el espíritu fuésemos y a la vez nos ayudásemos en las cosas que para siempre han de durar*».

- La tercera aspa del molino ignaciano mueve a familias libres y unidas al servicio del desarrollo integral de la libertad de cada uno de sus miembros («*para que a la vez nos ayudásemos*», desea Ignacio a los suyos; y notemos que no lo dice solo de ellos, sino que se incluye él mismo).
- La cuarta aspa del molino ignaciano mueve a las familias a vivir encarnadas y entregadas *en el todo amar y servir*.

¿Podríamos tratar de expresarlo en una frase? *La familia es un molino que da su fruto moviendo un ciclo continuo de cuatro aspas: mirar juntos a lo mayor, discernir juntos qué es lo mejor, ser libres y entregarnos.* A fin de cuentas, como comenzábamos: *una familia que en todo es amar y servir.* Ese «con todos» nos une a las gentes del mundo y nos entrega a su servicio, no solo a cada miembro de la familia, sino a la familia como grupo.

## ¿Qué tiene que ver el Reloj de la Familia con *La alegría del amor* del papa Francisco?

La pastoral de la familia ha sido puesta bajo el signo de la belleza y la alegría. Se llama *La alegría del amor*[4]. Es netamente una «pastoral positiva» y una pastoral del discernimiento porque «Jesucristo quiere una Iglesia atenta al bien que el Espíritu derrama en medio de la fragilidad» (n. 308).

---

[4] Se trata de la exhortación apostólica postsinodal *Amoris Laetitia*, del papa Francisco, promulgada en Roma el día 19 de marzo de 2016.

*La alegría del amor* es un texto de gran sabiduría, lleno de bondad y de verdades útiles para la vida de pareja y de familia. Quien lo lea con corazón abierto se replanteará muchas cosas en su vida práctica de familia. Dedica mucho espacio a ofrecer buenos consejos y a alentar a lo mejor. Francisco recorre todo el ciclo vital de las familias y no hay ningún aspecto al que no se haya dedicado una palabra iluminadora: desde los suegros a los amigos de la familia, la recuperación de la vecindad, el don del placer sexual o el papel de las redes sociales en la convivencia. Aunque el texto ha sido escrito para las familias cristianas, está abierto a todos, «se ofrece a todas las personas sin excepción» (n. 250).

Su propuesta es principalmente «una pastoral de la vinculación» (n. 211). «Nuestra tarea pastoral más importante con respecto a las familias es fortalecer el amor y ayudar a sanar las heridas» (n. 246). Nos exhorta a poner la familia en el centro de «la cultura del corazón». La Iglesia sabe que «estamos llamados a formar las conciencias, pero no a pretender sustituirlas» (n. 37) y, por tanto, hay que trabajar para que tanto las personas como las familias «puedan desarrollar su propio discernimiento ante situaciones donde se rompen todos los esquemas» (n. 37).

Las formas y el espíritu de las familias deben renovarse porque «la historia lleva las huellas de los excesos de las culturas patriarcales, donde la mujer era considerada de segunda clase» (n. 54). El papa reconoce que «es legítimo y justo que se rechacen viejas formas de familia "tradicional", caracterizadas por el autoritarismo e incluso por la violencia» (n. 53).

El Reloj de la Familia se identifica plenamente con *La alegría del amor* y ofrece una herramienta práctica para ayudar en muchas de las necesidades que nos plantea. Por ejemplo, ayuda a que las familias monoparentales encuentren apoyo y fortalezcan su proyecto (n. 252). Asimismo, respecto a las parejas de hecho, el Reloj de la Familia «afronta todas estas situaciones de manera constructiva, tratando de transformarlas en oportunidad de camino» (n. 294). El Reloj de la Familia es un buen método para «un itinerario de acompañamiento y de discernimiento» (n. 300) con aquellas personas que quieran integrar más la vida y la fe.

*La alegría del amor* señala la «necesidad de desarrollar nuevos caminos pastorales» (n. 199). La Iglesia elige el camino por el que anda Jesús y el papa Francisco es claro: «He querido plantear con claridad a toda la Iglesia para que no equivoquemos el camino: "Dos lógicas recorren toda la historia de la Iglesia: marginar y reintegrar [...]. El camino de la Iglesia, desde el concilio de Jerusalén en adelante, es siempre el camino de Jesús, el de la misericordia y de la integración [...]. El camino de la Iglesia es el de no condenar a nadie para siempre y difundir la misericordia de Dios a todas las personas que la piden con corazón sincero"» (n. 296). El Reloj de la Familia es casa abierta donde ayudar a todos y ayudarnos entre todos.

## ¿Cómo contactar con el Reloj de la Familia?

Si el lector quiere contactar con el Reloj de la Familia, puede dirigirse en su propio idioma al correo electrónico:

familia@cvx-e.es. Desde allí le dirigiremos al equipo que en su país organiza el Reloj de la Familia.

## ¿Qué son las CVX?

*CVX* son las siglas de la Comunidad de Vida Cristiana, presente en la mayor parte de países del mundo. Con más de 450 años de existencia, es la principal asociación mundial de laicos de espiritualidad ignaciana. Su esencia está dinamizada por la experiencia de los *Ejercicios Espirituales* de san Ignacio de Loyola. Está hecha para que cada persona, cada grupo y la Comunidad mundial en su conjunto sean agentes de transformación. Su misión no tiene límites y busca integrar fe y vida en todos los aspectos significativos de cada persona y de la sociedad, desde la opción preferencial por los pobres. En sus realidades más locales, la Comunidad suele formar pequeños grupos en los que las personas nos acompañamos mutuamente en nuestras vidas y nos impulsamos a dar lo mejor de nosotros mismos. Para más información sobre CVX en el mundo, consúltese la página web http://www.cvx-clc.net/

# Sobre el autor

**Fernando Vidal** (Vigo, España, 1967) es profesor de la Universidad Pontificia Comillas y director de su Instituto Universitario de la Familia, además de *Research Professor* de Boston College (Massachusetts). Presidente de la Fundación RAIS para las personas sin hogar y presidente de la *Social Sciences Network of the International Federation of Catholic Universities*. Es miembro de CVX y co-lidera el *Family Team* de la CVX-Mundial. En Twitter es @fervidal31. Su correo electrónico es fvidal@comillas.edu

El **Instituto Universitario de la Familia** es un prestigioso centro académico de investigación científica de la Universidad Pontificia Comillas, en Madrid. Está especializado en familia y todo el ciclo vital de las personas (menores, mayores y género). Presta una especial atención a la vulnerabilidad, la reconciliación y el desarrollo integral sostenible. Con carácter interdisciplinar, el equipo está formado por investigadores profesionales en los campos del Derecho, Psicología, Sociología, Trabajo Social, Salud, Economía, Filosofía, Teología y Pastoral. Contacto: familia@comillas.edu

# 1

# Primer tiempo: disponibilidad

Objetivos:
(1) Animar a que los participantes comiencen con gran disponibilidad el proceso.
(2) Conocer el proceso y bases que sigue el Reloj.
(3) Describir participativamente la realidad que influye sobre la familia.

## 1.1. Acogida

La familia es constantemente acogida. Hogar implica hospitalidad y cuidado. Y el Reloj de la Familia busca crear o recrear esa acogida mutua en cada familia. Por eso es importante que en el proceso se viva aquello que se quiere generar: reconocimiento, amabilidad, atención, escucha, cuidado, confianza, paz, hospitalidad. Quizás es bueno que el grupo comience su an-

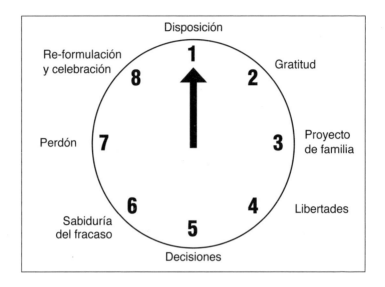

dadura compartiendo un café inicial en donde poder conversar unos con otros mientras esperamos que todos lleguen y sea el momento oportuno para empezar. La acogida puede ser más cálida si se prepara un gran cartel o se hace algo especial para que la gente se sienta bienvenida.

## 1.2. Presentación del Reloj de la Familia

Se invitará a las personas a sentarse en el lugar donde se van a celebrar las sesiones. Este es el momento de presentar el proceso que se va a vivir. Todos los asistentes están allí porque ya han escuchado en qué consiste la experiencia y por tanto ya tienen un primer conocimiento. No hace falta que avancen en un conocimiento mucho más detallado, pero sí es bueno recordar algunas cuestiones a modo de introducción.

Primero, los guías o relojeros se presentan a sí mismos. Será bueno establecer confianza con el grupo, así que la presentación podría consistir en decir el nombre y algunos datos sobre su propia familia: quiénes son, cómo es su hogar y quizás por qué están desempeñando esa labor de grupo. Será bueno expresar gratitud a quienes proporcionan el lugar para celebrar esas sesiones y también a las instituciones organizadoras.

A continuación, se puede explicar el Reloj de la Familia siguiendo las FAQ que respondimos en la introducción a esta guía práctica:

- ¿Qué es el Reloj de la Familia?
- ¿Para qué sirve?
- ¿Por qué se usa la metáfora del reloj?
- ¿Cuál suele ser el principal problema?
- ¿Cuáles son los ocho pasos del método?
- ¿Quién nos ayuda si tenemos dudas o tenemos una crisis mientras hacemos el Reloj?
- ¿Cómo se organiza cada sesión?
- ¿Quién ha diseñado este método?
- ¿Y en qué ayuda principalmente la tradición de Ignacio de Loyola a las familias?

Cuando se describan los ocho pasos del método, es útil que se dibuje en la pizarra o en un papel el reloj y las ocho horas al modo como está en el gráfico de la sección anterior. Cuando comience cada tiempo, se dibujará el reloj y se indicará en qué tiempo se encuentra el grupo[1].

---

[1] Al comienzo de cada capítulo insertamos la figura del reloj señalando cada hora, para recordaros que debéis ponerlo en la pizarra o en el medio que tengáis. Así, las personas se sienten ubicadas en el proceso.

Ha de hacerse de forma breve. Tras presentar lo que es el Reloj, se anuncia que «comienza el primer tiempo, el tiempo de la disponibilidad». Se empezará por una dinámica de presentación de los participantes, pero antes se dirán las siguientes palabras y se hará una breve actividad como inspiración.

*¿Cuál es el paso más importante del Reloj de la Familia?*

Estar leyendo o escuchando esta frase es el paso más importante que podemos dar en el Reloj de la Familia. Esto significa que nos hemos movido, que buscamos, que queremos y también que podemos. Es bueno ser conscientes de que estamos a tiempo. Estamos dispuestos a mejorar, a buscar mayor sentido, a superar dificultades. Esa disponibilidad es el primer y definitivo paso. El Reloj de la Familia es una imagen que quiere recordarnos algo importante: estamos a tiempo y tenemos que darnos tiempo. Darnos tiempo es cuidarnos y poner el foco en lo más importante: las personas. De principio a fin todo trata sobre lo mismo: las personas. No es fácil: es tan sencillo que se hace difícil. Y eso sucede porque lo más simple es lo primero que sacrificamos cuando el trabajo o las tensiones nos estresan. Queremos que este primer tiempo comience con una celebración: estamos aquí comenzando algo y este primer paso es siempre el más difícil. El paso más difícil en cualquier camino es el primero: aquel en el que se juega la decisión de ponerse en marcha, de no vivir a deshora.

## 1.3. Inspiración: nuestro lugar en el mundo

Como hemos indicado en la introducción, es muy útil hacer al comienzo un momento de inspiración. En este primer tiempo sobre disponibilidad, el orden se altera algo, porque primero hay que presentar la experiencia en su conjunto a los participantes El motivo de inspiración puede ser una canción, un fragmento de película o un video corto, o un texto. Los relojeros tienen libertad y el único límite es su imaginación.

Para comenzar este primer tiempo del Reloj nuestra recomendación es visionar un fragmento de la película *Away we go*[2] (traducida al francés como *Ailleurs nous irons* para Québec y al español como *Un lugar donde quedarse* para España, *Nos vamos lejos* en Argentina y *El mejor lugar del mundo* para el resto de Latinoamérica). Es una comedia romántica dirigida por Sam Mendes y estrenada en 2009.

Expliquemos la sinopsis para hacernos idea del relato. Burt Farlander (interpretado por John Krasinski) y Verona de Tessant (Maya Rudolph) tienen unos 30 años, están esperando su primer hijo y no están casados. Ante el nacimiento de su primer hijo bus-

---

[2] Sam Mendes, *Away We Go*. Producción: Neal Street Prod. Distribución: Dreamworks, USA 2009.

can un lugar apropiado para que este nazca y donde asentarse para construir una familia feliz. Para buscar su lugar en el mundo, viajan por el país visitando a amigos y familiares, pensando quizás en comenzar a construir su vida de familia cerca de alguno de ellos. Primero visitan a los padres de Burt, pero estos solo piensan en ellos mismos y se van del país dos años sin tenerles en consideración a ellos ni a su nieta. Después comienzan un viaje por diversos lugares de Estados Unidos, viendo a amigos con diferentes actitudes ante la familia y la pareja. Eso les permite contemplar un panorama de diferentes situaciones y preocupaciones familiares comunes en nuestra época. El director pinta un lienzo sobre la situación de la familia en Norteamérica.

Los primeros tienen un comportamiento mezquino en la pareja y con sus hijos. Otros se creen una pareja tan perfecta que son condescendientes con Burt y Verona. El encuentro con sus amigos Tom y Munch tiene lugar en Montreal, donde contemplan una pareja enamorada y generosamente entregada a sus hijos adoptivos. Ellos les inspiran a tratar de ser mejores el uno con el otro y deciden instalarse en Montreal para estar cerca de esos amigos. Pero esa misma noche Burt recibe una llamada urgente de su hermano, al que su mujer ha abandonado. Van a Miami y consuelan y ayudan a su hermano y su hija, por la que están muy preocupados. Esa experiencia impacta profundamente a Burt y Verona y esa misma noche se prometen el mayor amor del que sean capaces uno al otro y a su hija. Creen que cerca de su hermano y de su sobrina es donde deben construir su vida para cuidarles. Finalmente, deciden asentarse en la vieja casa que los difuntos padres de Verona dejaron abandonada. En memoria de los padres de Verona, deciden asentarse en ese viejo hogar y construir su vida como familia. Han encontrado su lugar en el mundo.

De igual forma, venimos al Reloj de la Familia buscando; vamos a conocer distintas realidades familiares y a ser capaces de crecer.

Aconsejamos visionar tres fragmentos[3]. Primero, el tráiler oficial de la película (2:10 minutos). Segundo, la conversación que en una cena mantienen los protagonistas con Tom y Munch en Montreal sobre el significado del matrimonio y la familia (3:09 minutos). Tercero, la escena final de la película, cuando Burt y Verona definitivamente encuentran su casa y lugar en el mundo (4:55 minutos).

---

### INDICACIÓN METODOLÓGICA

No se contempla que haya una ronda de comentarios sobre el motivo de inspiración, sino que su fin es simplemente crear un clima receptivo e introducir a la temática.

---

## 1.4. Presentación de los participantes

Es bueno presentarnos, incluso aunque los participantes se conozcan mucho. Para eso invitamos a que en

---

[3] Los tres se pueden hallar en Youtube. El primero como «Away We Go - Official Trailer». El segundo como «Away We Go Clip - Restaurant Scene» y el tercero son los 4:55 minutos finales.

cada unidad familiar uno presente a otro diciendo tres características (una de las cuales no puede ser totalmente positiva). Si se quiere comenzar con humor, es posible que pidamos a cada uno que tome una hoja en blanco y dibuje en un minuto el rostro del otro. Cuando todos hayan terminado, se puede decir:

«En el Reloj de la Familia no estamos bajo la presión de los idealismos, sino que somos como somos, con nuestros defectos y virtudes. Reconocemos algunas cualidades del otro y, a veces, otras se nos pasan por alto. Sabemos que tenemos nuestros límites respecto al otro, igual que nuestros retratos no le representan del todo bien. Estamos aquí para que nuestro dibujo del otro mejore y también nosotros seamos capaces de mejorar partiendo de como somos realmente».

Esta sesión tiene como fin encontrarnos juntos alrededor de la vida familiar y acercarnos poco a poco desde nuestras principales preocupaciones. También es conveniente que tomemos conciencia del contexto en que vivimos, porque influye poderosamente en nuestro modo de vida.

*¿Por qué es importante hacernos conscientes del contexto?*

La mayor parte de las veces el problema no está en la voluntad de la pareja o la familia, sino que el modelo social, económico o cultural impone un contexto hostil a la vida familiar. Por ejemplo, el individualismo desincentiva que las personas vivan entregadas y en comunión con otras. Lleva a que mires por ti mismo o incluso a que te ensimismes. El individualismo no entiende de alianzas, sino que trata de descomponerlo

todo en contratos. Así, parece que el ambiente estigmatice como ingenuidad o alienación el hecho de que alguien procure una absoluta fidelidad a su pareja y lo viva todo con ella con voluntad de comunidad irrompible. El neoliberalismo imprime también un modo de vida adverso a la familia: los horarios excesivos de trabajo o la incompatibilidad entre la carrera profesional y la maternidad o paternidad son graves obstáculos a la felicidad familiar.

La pobreza y la exclusión social también cargan un enorme peso y una gran presión sobre la familia, sometida a la tiranía de la imprevisibilidad, el dolor y la miseria. La superficialidad de la cultura impide que las personas establezcan relaciones afectivas profundas y asuman responsabilidades plenas respecto a los otros. Desde la superficialidad no se ve integralmente todo lo que supone la experiencia de familia. Y no es cualquier experiencia, sino que en familia se comparte todo, hasta lo más íntimo. Por eso no se logra comprender en profundidad la familia y esta puede quedar dañada o marginada. El machismo, el patriarcalismo o el autoritarismo también lastran el desarrollo de la familia y vulneran los derechos y dignidad de algunos de sus miembros. El papa Francisco, en su exhortación titulada *La alegría del amor*, dijo que «la historia lleva las huellas de los excesos de las culturas patriarcales, donde la mujer era considerada de segunda clase» (n. 54) y que es legítimo y justo que se rechacen viejas formas de familia «tradicional», «caracterizadas por el autoritarismo e incluso por la violencia» (n. 53). No obstante, «esto no debería llevar al desprecio del matrimonio sino al redescubrimiento de su verdadero sentido y a su renovación» (n. 53).

También la incapacidad para asumir el fracaso o la arrogancia del egoísmo desatan episodios de violencia en los hogares que, cada vez con más frecuencia, no solo afectan a las mujeres, sino a todos los que se encuentran en situación de debilidad en el hogar, ya sean niños, personas mayores, discapacitados, o incluso a los padres –maltratados por los jóvenes–.

Pareja y familia tienen que comprender que ser familia es muchas veces contracultural: contradice algunos principios individualistas, economicistas o frívolos de la cultura dominante. Es esperable que los «relojes» de la familia se desajusten bajo esa presión de la sociedad. Poner en hora el reloj no es, por tanto, solo una respuesta a los desajustes de cada uno, sino hacer a la pareja y a la familia más fuertes para superar las condiciones a veces hostiles del contexto social.

## 1.5. Ejercicio: ¿cuáles son las preocupaciones de las familias?

Aun con toda su diversidad, la familia es la experiencia más universal de la humanidad y es la institución más primaria. Fue fundamental para la aparición del ser humano y todavía hoy es esencial para el desarrollo de cada persona. Los cambios de las últimas décadas han sido objeto de gran debate. Hay variaciones significativas, pero que no afectan a la importancia que la familia tiene a lo largo de la historia de la humanidad. A pesar de las tribulaciones e incertidumbres que atraviesa, la familia sigue siendo la principal fuente de sentido para la vida de la inmensa mayoría de la humanidad y aquello que más se valora.

En este momento no se trata de discutir teóricamente sobre la familia, sino de manifestar cuáles son sus preocupaciones. Se busca que cada familia exprese su preocupación fundamental y no es bueno que haya réplicas ni mucho menos discusiones, sino una escucha respetuosa entre todos. Para ello hay que poner mucha delicadeza en nuestras palabras, de modo que no hieran la sensibilidad de nadie. Menos aún se trata de dar opiniones sobre doctrina o ideologías, sino más bien de hablar desde la propia vida y la de las personas del entorno que nos influye como pareja o familia.

Proponemos la siguiente dinámica. En unos folios se escriben con letras grandes distintos textos y se distribuyen por una sala o un espacio abierto (por ejemplo, se adhieren a las paredes). Los participantes primero pasearán juntos leyendo todos los contenidos.

Irán comentando entre ellos cuál es el texto que mejor refleja lo que más les preocupa o lo que consideran más importante.

A continuación, sugerimos algunas citas que pueden utilizarse como textos entre los que elegir. Cuantas más personas haya, más textos deberíamos preparar. Aproximadamente calculemos que por cada persona tiene que haber 2 o 3 textos. Son citas literales tomadas de lo que el papa Francisco escribió en *La alegría del amor*[4]. Están organizados en grupos de 10 citas, que hemos elegido y ordenado de manera que estén equilibradas en su temática. Conforme el grupo crece, úsense más grupos para los carteles.

*Grupo 1*

(1) «Estamos llamados a formar las conciencias, pero no a pretender sustituirlas» (n. 37).

(2) «La gran cuestión no es dónde está el hijo físicamente sino dónde está en un sentido existencial, dónde está posicionado desde el punto de vista de su proyecto de vida» (n. 261).

(3) «Solo compartimos un espacio físico, pero sin prestarnos atención el uno al otro» (n. 224).

(4) «La función educativa se ve dificultada entre otras causas porque los padres llegan a su casa cansados y sin ganas de conversar» (n. 50).

(5) «Cuando ninguno de los cónyuges se cultiva y no existe una variedad de relaciones con otras

---

[4] Todas las citas proceden del documento *Amoris Laetitia*, así que se pueden adaptar a los diferentes idiomas consultando el número que indicamos en los textos originales que edita la Santa Sede.

personas, la vida familiar se vuelve endogámica y el diálogo se empobrece» (n. 141).

(6) «Nuestra tarea más importante con respecto a las familias es fortalecer el amor y ayudar a sanar las heridas» (n. 246).

(7) «¿Quiénes se ocupan hoy de fortalecer los matrimonios, de ayudarles a superar los riesgos que los amenazan?» (n. 52).

(8) «Tener paciencia no es dejar que nos traten como objetos» (n. 92).

(9) «Los adolescentes suelen entrar en crisis con la autoridad y con las normas, por lo cual conviene estimular sus propias experiencias de fe y ofrecerles testimonios luminosos que se impongan por su sola belleza» (n. 288).

(10) «Es legítimo y justo que se rechacen viejas formas de familia "tradicional", caracterizadas por el autoritarismo» (n. 53).

*Grupo 2*

(11) «El más sano erotismo, si bien está unido a una búsqueda de placer, supone la admiración, y por eso puede humanizar los impulsos» (n. 151).

(12) «Lo masculino y lo femenino no son algo rígido. Esa rigidez puede impedir el desarrollo de las capacidades de cada uno» (n. 286).

(13) «Las familias monoparentales, cualquiera que sea la causa, deben encontrar apoyo» (n. 252).

(14) «Hay que reconocer que hay casos donde la separación es inevitable» (n. 241).

(15) «La familia es la primera escuela de los valores humanos» (n. 274).

(16) «La familia es el ámbito donde se aprende a colocarse frente al otro, a escuchar, a compartir, a soportar, a respetar, a ayudar, a convivir» (n. 276).

(17) Hay que «cuidar con amor la vida de las familias, porque ellas no son un problema, son principalmente una oportunidad» (n. 7).

(18) «La historia lleva las huellas de los excesos de las culturas patriarcales, donde la mujer era considerada de segunda clase» (n. 54).

(19) «En el amor los silencios suelen ser más elocuentes que las palabras» (n. 12).

*Grupo 3*

(20) «En el horizonte del amor se destaca también otra virtud algo ignorada en estos tiempos de relaciones frenéticas y superficiales: la ternura» (n. 28).

(21) Hay un «individualismo exasperado que desvirtúa los vínculos familiares y acaba por considerar a cada componente de la familia como una isla» (n. 33).

(22) «Se desea un espacio de protección y de fidelidad, pero al mismo tiempo crece el temor a ser atrapado por una relación» (n. 34).

(23) «La formación debe realizarse de modo inductivo, de tal manera que el hijo pueda llegar a descubrir por sí mismo» (n. 264).

(24) «Para enfrentar una crisis se necesita estar presentes» (n. 234).

(25) «Se traslada a las relaciones afectivas lo que sucede con los objetos y el medio ambiente:

todo es descartable, aprovecha y estruja mientras sirva» (n. 39).

(26) «Muchas veces la sexualidad se despersonaliza y también se llena de patologías» (n. 153).

(27) «En muchas familias ya ni siquiera existe el hábito de comer juntos» (n. 50)

(28) «Es más sano aceptar con realismo los límites, los desafíos o la imperfección, y escuchar el llamado a crecer juntos» (n. 135).

(29) «Hace falta tiempo para dialogar, para abrazarse sin prisa, para compartir proyectos, para escucharse, para mirarse, para valorarse, para fortalecer la relación» (n. 224).

## Grupo 4

(30) «Hay quienes consideran que muchos problemas actuales han ocurrido a partir de la emancipación de la mujer. Pero este argumento no es válido, "es una falsedad, no es verdad. Es una forma de machismo"» (n. 54).

(31) «La mayor parte de la gente valora las relaciones familiares que quieren permanecer en el tiempo y que aseguran el respeto al otro» (n. 38).

(32) «La decisión de casarse y de crear una familia debe ser fruto de un discernimiento vocacional» (n. 72).

(33) «Un verdadero amor sabe también recibir del otro, es capaz de aceptarse vulnerable y necesitado» (n. 157).

(34) «El amor no es solo un sentimiento, sino que se debe entender en el sentido que tiene el

verbo "amar'" en hebreo: es "hacer el bien"» (n. 94).

(35) «Sería nociva una actitud constantemente sancionatoria: "Padres, no exasperéis a vuestros hijos" (Ef 6,4; cf. Col 3,21)» (n. 269).

(36) Hay que «crear espacios para comunicarse de corazón a corazón» (n. 234).

(37) «Para disponerse a un verdadero encuentro con el otro se requiere una mirada amable puesta en él» (n. 100).

(38) «Una mirada amable permite que no nos detengamos tanto en sus límites y así podamos tolerarlo y unirnos en un proyecto común» (n. 100).

(39) «El amor confía, deja en libertad, renuncia a controlarlo todo, a poseer, a dominar» (n. 115).

*Grupo 5*

(40) «La vergonzosa violencia que a veces se ejerce sobre las mujeres no constituye una muestra de fuerza masculina sino una cobarde degradación» (n. 54).

(41) «A veces, el problema es el ritmo frenético de la sociedad, o los tiempos que imponen los compromisos laborales» (n. 224).

(42) «La libertad, que hace posibles espacios de autonomía, permite que la relación se enriquezca y no se convierta en un círculo cerrado sin horizontes» (n. 115)

(43) «Estamos hechos para amar» (n. 129).

(44) Hay que «darse tiempo» (n. 137).

(45) «Reconozcamos que para que el diálogo valga la pena hay que tener algo que decir, y eso requiere una riqueza interior que se alimenta en la lectura, la reflexión personal, la oración y la apertura a la sociedad. De otro modo las conversaciones se vuelven aburridas e inconsistentes» (n. 141).

(46) «La dimensión erótica del amor es don de Dios que embellece el encuentro de los esposos» (n. 152).

(47) «La prolongación de la vida hace que se produzca algo que no era común en otros tiempos: esto se convierte en una necesidad de volver a elegirse una y otra vez» (n. 163).

(48) «En la historia de un matrimonio la apariencia física cambia, pero esto no es razón para que la atracción amorosa se debilite» (n. 164).

(49) «La educación moral implica pedir a un niño o a un joven una cuota de esfuerzo que no provoque resentimiento o acciones puramente forzadas» (n. 271).

*Grupo 6*

(50) «El amor que nos prometemos supera toda emoción, sentimiento o estado de ánimo» (n. 163).

(51) Estamos en «una época en que la sexualidad tiende a banalizarse y a empobrecerse» (n. 280).

(52) «El amor es un querer hondo, con una decisión del corazón que involucra toda la existencia» (n. 163).

(53) «El sentimiento de orfandad que viven hoy muchos niños y jóvenes es más profundo de lo que pensamos» (n. 173).

(54) «Un matrimonio que experimente la fuerza del amor sabe que ese amor está llamado a sanar las heridas de los abandonados, a luchar por la justicia» (n. 183).

(55) «La obsesión no es educativa y no se puede tener un control de todas las situaciones por las que podría llegar a pasar un hijo» (n. 261).

(56) «Las familias abiertas y solidarias hacen espacio a los pobres, son capaces de tejer una amistad con quienes lo están pasando peor que ellas» (n. 183).

(57) «El amor necesita tiempo disponible y gratuito, que coloque otras cosas en un segundo lugar» (n. 224).

(58) «El problema es que el tiempo que se pasa juntos no tiene calidad» (n. 224).

(59) «Por pedir demasiado no logramos nada. La persona, apenas pueda librarse de la autoridad, posiblemente dejará de obrar bien» (n. 271).

*Grupo 7*

(60) «Cuando uno siente que no recibe lo que desea, o que no se cumple lo que soñaba, eso parece ser suficiente para dar fin a un matrimonio. Así no habrá matrimonio que dure» (n. 237).

(61) «Una relación mal vivida con los propios padres y hermanos, que nunca ha sido sanada, reaparece y daña la vida conyugal. Entonces hay que hacer un proceso de liberación» (n. 240).

(62) «Cuando la relación entre los cónyuges no funciona bien, conviene asegurarse de que cada uno haya hecho ese camino de curación de la propia historia» (n. 240).

(63) «Jamás, jamás, jamás tomar el hijo como rehén» (n. 245).

(64) «Lo que interesa sobre todo es generar en el hijo, con mucho amor, procesos de maduración de su libertad, de capacitación, de crecimiento integral» (n. 261).

(65) «Tampoco es bueno que los padres se conviertan en seres omnipotentes para sus hijos, que solo puedan confiar en ellos» (n. 279).

(66) «En el contexto familiar se enseña a recuperar la vecindad, el cuidado, el saludo» (n. 276).

(67) «La experiencia espiritual no se impone, sino que se propone a su libertad» (n. 288).

(68) «Es fundamental que los hijos vean de una manera concreta que para sus padres la oración es realmente importante» (n. 288).

(69) «El núcleo familiar no solo acoge la vida generándola en su propio seno, sino que se abre, sale de sí para derramar su bien en otros, para cuidarlos y buscar su felicidad. Esta apertura se expresa particularmente en la hospitalidad» (n. 324).

## 1.6. Compartir: crisis, retos y fortalezas

Las unidades familiares o parejas deben recorrer juntos el espacio que hayamos destinado a la exposición de carteles con las citas. Deben leer todas y solo después decidirse juntos por una de ellas. El cartel debe elegirse en relación a esta pregunta: «*¿Qué texto expresa mejor nuestra preocupación por nuestra familia y las de nuestro entorno?*». Una vez elegido el texto, la familia toma el cartel y se lo lleva consigo. Si en el momento en que van a elegir el texto hay otra familia que se ha adelantado, deben elegir otro.

Después de que todas las familias hayan escogido sus textos llega el momento de compartir. Se pide a las familias, parejas o individuos –en el caso de que la persona no venga acompañada de familiares– que salgan y se pongan en pie ante la asamblea en el lugar desde donde los relojeros están guiando la sesión.

## INDICACIÓN METODOLÓGICA

Es importante que, en todo momento en que se comparta, las familias no hablen sentadas desde sus sillas o sillones. Ponerse en pie, salir al centro y hablar ante todos implica una actitud de disposición. Además, refuerza el hecho de que presentan juntos algo ante todos: refuerza la unidad familiar ante el resto y hablan con una voz común.

Una a una, cada unidad familiar al completo o cada pareja sale y entre todos exponen por qué han elegido esa frase y explican brevemente qué significa esa preocupación para ellos.

Para exponer esas frases, se les va a pedir a las familias que elijan si principalmente es una crisis, un reto o una fortaleza. Se dibujarán tres columnas en la pizarra o en el papel. Los participantes colocan con papel adhesivo su frase en una de las tres columnas.

Para finalizar, preguntamos a los participantes respecto a su familia o pareja: «¿A qué estás dispuesto?». Uno a uno, en un ambiente de silencio y respeto, vamos compartiendo en alto la respuesta a ese interrogante.

## 1.7. ¿Cómo evaluamos esta primera sesión?

Para evaluar se distribuye entre los participantes la siguiente tabla. Individualmente responderán las preguntas y luego la compartirán con su familiar o pareja. Finalmente se hará una ronda en la que cada persona dirá la palabra que resumiría lo vivido en este primer tiempo. Así termina la primera sesión.

Si los participantes se van a ir a sus hogares, entonces hay que hacer una despedida con la misma calidez que la acogida. Será bueno que los relojeros saluden a cada pareja, familia o participante individual y mantengan unas breves palabras con algunos de ellos. En todo caso, los relojeros son los últimos en irse del lugar, cuando todos se hayan ido.

| PREGUNTAS DE EVALUACIÓN | PRIMER TIEMPO: DISPONIBILIDAD |
|---|---|
| ¿Qué palabra resumiría todo lo que he vivido en este tiempo? | |
| ¿Cuál es el sentimiento principal que me queda? | |
| ¿Qué es lo que más me ha sorprendido o he descubierto? | |
| ¿Qué es lo que más agradezco de este tiempo? | |
| ¿Qué podía haber vivido mejor? | |

| PREGUNTAS DE EVALUACIÓN | PRIMER TIEMPO: DISPONIBILIDAD |
|---|---|
| ¿Qué aprendí yo? | |
| ¿Y qué creo que aprendimos juntos en mi pareja o familia? | |
| ¿Y qué me gustaría que hiciéramos al respecto de cara al futuro? | |

## ¿Qué hemos aprendido en esta primera sesión?

Esta primera sesión ha animado a la disponibilidad y a la participación; ha presentado el método del Reloj y ha proporcionado un marco general para comprender el contexto de las familias en nuestra época. Se trata de que cada uno sea consciente de que su familia está en un entorno que les influye y que su proyecto debe moverse dentro de esas condiciones –algunas positivas y otras adversas–. Esta primera sesión ha sido «exterior» y la segunda es ya «interior», va a abrir un tiempo que se sitúa en el núcleo más hondo del corazón de la familia: en la gratitud.

# 2

# Segundo tiempo:
# la gratitud lo inicia todo

**Objetivos:**

(1) Hacer memoria agradecida de toda la historia de la pareja y familia.

(2) Profundizar en la importancia de la gratitud como pilar para vivir.

(3) Practicar la actitud y el hábito del agradecimiento en la familia.

## 2.1. Inspiración: el poder de un gorrión

William Shakespeare ya rezaba: «Oh, Señor, que me das la vida, dame un corazón repleto de gratitud». Es lo mismo que llegó a sentir un joven en un cortometraje dirigido por el cineasta griego Constantin Pilavios[1].

---

[1]  Constantin Pilavios, *What Is That?* MovieTeller Films, Grecia 2007 (5:31 minutos). El cortometraje se puede visualizar en versión

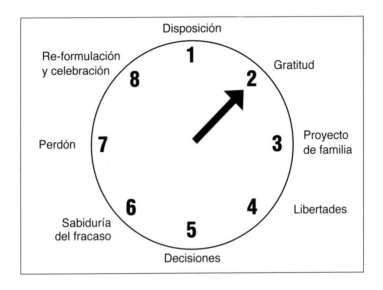

En 2007 estrenó una pequeña obra titulada *What is that?*, la cual, en apenas cinco minutos y medio, nos corta la respiración y nos hace comprender el poder de la gratitud. Puede ser una buena motivación que nos inspire al comienzo de este segundo tiempo del Reloj de la Familia. Si el lector no ha visto el cortometraje, no lea el resto de este apartado y mire primero el video en cualquier dispositivo con acceso a internet, porque voy a comentar el contenido.

En el cortometraje de Pilavios aparece tras una puerta entreabierta el jardín de una vivienda. En él están sentados un señor mayor y un joven treintañero que lee el periódico. El anciano viste una sencilla camisa blanca y mira al frente, con las manos cruzadas entre sus piernas.

---

original en https://www.youtube.com/watch?v=mNK6h1dfy2o. Una versión subtitulada en español se halla en https://www.youtube.com/watch?v=kckeoENihKM.

El joven no le atiende, sino que está girado en la dirección contraria, enfrascado en su lectura. Un gorrión se posa en una rama frente a ellos y llama la atención del señor mayor, quien pregunta al joven: –¿Qué es eso? El joven aparta incómodo su mirada de la prensa y, al ver al pájaro, responde: –Un gorrión. El padre asiente con curiosidad, pero instantes después vuelve a preguntar: –¿Qué es eso? El joven suspira incómodo y responde de nuevo: –Te lo acabo de decir, padre. Es un gorrión. El joven está sentado junto a su padre, quien parece algo desorientado. El hijo regresa a su lectura y la pequeña ave levanta el vuelo. El padre la busca entre las ramas del árbol bajo el que están sentados, pero la localiza de nuevo en el suelo. De nuevo pregunta a su hijo por tercera vez: –¿Qué es eso? El hijo pierde la paciencia y responde enojado: –Un gorrión, padre, un gorrión. Y le deletrea despacio con acritud: –U-n-g-o-r-r-i-ó-n. El hijo se le queda mirando desafiante y el padre se muestra confuso. Nuevamente le pregunta por cuarta vez: –¿Qué es eso? El hijo se revuelve y le reprocha enfadado, gritándole mientras hace aspavientos con su mano: –¿Por qué me haces esto? ¡Ya te lo he dicho muchas veces: es un gorrión! ¿!Lo entiendes!? El padre no le dice nada y se levanta del banco donde descansaban. –¿A dónde vas?, le grita entonces su hijo. El padre no muestra el menor gesto, tan solo le indica suavemente con su mano que espere. El padre entra en la vivienda mientras el hijo queda desesperado por lo que quizás es una crisis de demencia de la avanzada edad de su padre y tira el periódico al suelo. El gorrión levanta el vuelo asustado. Al momento, el padre regresa con un cuaderno en la mano, se sienta de nuevo junto a su hijo, abre dicho cuaderno y le indica con el dedo que lea en una página del medio. Con el mismo gesto que al comienzo, el padre mira al frente, mientras su hijo cambia de actitud y, extrañado por aquel cuaderno, lee. –En voz alta, le pide su padre. El hijo lee con voz suave lo escrito: «Hoy mi hijo menor, quien en unos días cumplirá tres años, estaba sentado junto a mí en el parque, cuando un gorrión se posó frente a nosotros. Mi hijo me preguntó 21 veces qué era eso y yo respondí cada una de esas veces que eso era...» –y el hijo pasa la página– «...un gorrión». El hijo sigue leyendo lo que tantos años atrás había escrito su padre sobre él: «Le abracé cada vez que me hizo la misma pregunta, una y otra vez, sin volverme loco, sintiendo un entrañable cariño por mi pequeño hijo tan inocente». El hijo termina de leer y el padre, por primera vez, sonríe y asiente ligeramente con la cabeza mientras sigue mirando el césped del jardín, recordando aquel ya lejano momento. El hijo mueve la cabeza y, lleno de gratitud, abraza a su padre y le besa en su ya canosa sien, le abraza de nuevo y sigue así junto a él sin soltarle. En lo alto del árbol que les cobija, el gorrión levanta el vuelo y se pierde en la espesura.

El gorrión era el recuerdo que trajo tanta inquietud y luego tanta gratitud. El hijo recordó la historia, un episodio de gratitud que le hizo «caer del caballo» y darse cuenta no solo del amor que sentía por su padre sino de una gran lección de vida. El agradecimiento lo puede todo. Como dicen dos de los mayores expertos mundiales en el tema: «La gratitud no solo ha sido llamada la mayor de las virtudes sino la madre de todas las demás, la memoria moral de la humanidad, la mayor y más apasionante fuerza de transformación del cosmos, la llave que abre todas las puertas, la cualidad que nos hace y mantiene jóvenes»[2].

## 2.2. Marco

Los relojeros a continuación exponen el marco de este tiempo. El objetivo es profundizar juntos en su significado. Posiblemente los participantes escuchen algunas ideas nuevas que van a mejorar esta dimensión de su vida de pareja. En todo caso, es un buen momento para que tomen notas y reflexionen. Es una presentación breve que no debe superar los 15 minutos. Es fundamental que la exposición sea dinámica. Es bueno hacerla de pie y moviéndose. El texto que vamos a proporcionar a continuación es orientativo. Los participantes agradecen que el relojero se implique y transmita algunas experiencias vitales. El buen humor siempre se agradece, pero también la hondura y la paz al comunicar.

*La gratitud como modo de vida*

Al empezar, la gratitud. La primera hora del *Reloj de la Familia* es la del agradecimiento. En la vida siempre hay que tratar de empezar y terminar todo dando gracias: cada día, cada semana, cada tarea importante, cada encuentro significativo con otros, cada plegaria y cada libro, cada visita y cada comida, cada paseo y cada reto. Una vez me preguntaron: –¿Cómo te gus-

---

[2] R A. EMMONS - M. E. McCULLOUGH (eds.), *The psychology of gratitude*, Oxford University Press, Oxford 2004.

taría morir? –Dando gracias, respondí. –Sea cual sea la forma, ojalá que deje tiempo y ánimo para dar gracias por todo. Al nacer no lo hacemos dando gracias. Y, sin embargo, si ahora tuviera un único momento para dar gracias a mis padres por la vida, haría lo mismo que hice en aquel momento de nacer: llorar. No habría palabras ni gestos capaces de contener todo el agradecimiento que me desborda. No hay mejor forma de comenzar y finalizar cada cosa que dando gracias.

La tradición ignaciana recomienda que cada día revisemos brevemente la vida de la jornada. Es una oración conocida. Está formada por cinco pasos como cinco dedos de la mano: gratitud, libertad (para conocer sin engaños ni ataduras lo que ha pasado durante el día), mirar (revisar los principales acontecimientos y movimientos internos sentidos en la jornada), reconciliar (renovar nuestro compromiso contra el mal) y entregar (hacer propósito de poner lo mejor de uno mismo al día siguiente). Se termina rezando el Padre nuestro. Para Ignacio de Loyola este hábito del corazón es el más importante de todos. No deberíamos abandonarlo ningún día de nuestra vida. Es lo último que deberíamos dejar: agradecer, roturar y sembrar sobre cada jornada. Y ya nos hemos dado cuenta de que también comienza por el agradecimiento. Para Ignacio de Loyola, todo comienza siempre dando gracias: «El primer punto es dar gracias a Dios», repite una y otra vez. Así, podemos terminar el día y comenzar el siguiente dando gracias.

El agradecimiento es la mejor tierra para que todo brote, crezca y culmine. La gratitud lo inicia todo. Si queremos avivar algo, recuperarlo, sanarlo o reconciliarlo, debemos comenzar por un profundo ejercicio de gratitud.

Las diferentes investigaciones de Robert A. Emmons y sus colegas les permiten afirmar con pruebas científicas que quienes practican con frecuencia la gratitud son personas que característicamente disfrutan una serie de beneficios físicos, psíquicos y relacionales (Emmons, 2010[3] y 2013):

Beneficios somáticos

- Las personas agradecidas tienen sistemas inmunológicos más fuertes.
- Están menos afectadas por dolores y molestias.
- Tienen menor presión sanguínea y una mejor salud cardiaca.
- Cuidan mejor de su propia salud.
- Se recuperan más rápido de las enfermedades.
- Duermen más y se sienten más descansadas al despertar.

Beneficios psicológicos

- Gozan de niveles más altos de emociones positivas.
- Son personas más atentas, conscientes, energéticas, entusiastas, vigorosas y vivaces.
- Sienten mayor alegría y placer.
- Reducen más los periodos de depresión y ansiedad.

---

[3] R. A. EMMONS, *Ten ways to become more grateful*, website Greater Good, Greater Good Science Center, 17 de noviembre de 2010 (http://greatergood.berkeley.edu/article/item/ten_ways_to_become_more_grateful1/).

- Sufren menores niveles de envidia y resentimiento contra otros.
- Resisten mejor la adversidad, el trauma, el estrés y el sufrimiento y tienen una resiliencia mayor y más rápida para superarlos.
- Son más optimistas y felices.
- Disfrutan durante más tiempo de sus experiencias positivas.
- Alcanzan más los fines que se proponen.
- Tienen mejores niveles de autoestima y autoconfianza.

Beneficios relacionales

- Tienen relaciones sociales más sólidas y persistentes.
- Ayudan más a los demás, son más generosas y compasivas.
- Se inclinan más a perdonar.
- Son más abiertas.
- Sienten menos la soledad y el aislamiento.

El doctor Robert A. Emmons concluye que pocas cosas hay más saludables que ser una persona agradecida. Otra especialista en gratitud –también de la Universidad de California–, la profesora Sonja Lyubomirsky[4], sostiene que la felicidad es proporcional a la gratitud que uno siente[5]. Según sus estudios, ha sido

---

[4]   S. LYUBOMIRSKY, L. KING, E DIENER, «The benefits of frequent positive affect: Does happiness lead to success?»: *Psychological Bulletin* 131 (2005), 803–855.
[5]   Sonja Lyubomirsky demostró junto con Nancy L. Sin que las personas agradecidas eran significativamente más felices.

científicamente demostrado que ser agradecido hace que las personas interpreten los acontecimientos de la vida de un modo más positivo[6].

Otros han desarrollado métodos para mejorar el clima laboral aumentando los niveles de gratitud de los trabajadores. Toni Powell ha creado el *Desafío de la gratitud en 30 días* (*30 Day Gratitude Challenge*)[7]. Su misión es inspirar y entrenar a los trabajadores de un lugar para que introduzcan cambios prácticos en su vida común mediante el ejercicio de la gratitud. Según Toni Powell, «cuando la gratitud se practica en el lugar de trabajo, las relaciones se transforman, la queja se minimiza y los niveles de satisfacción se disparan». Aún quedan numerosos campos a los que aplicar el principio de la gratitud. Apenas sí se ha comenzado a investigar su influencia en el comportamiento humano. «El rol de la gratitud en el apoyo social todavía no ha sido considerado y la gratitud puede ser un predictor especialmente fuerte de dicho apoyo»[8].

El agradecimiento no está al final de los procesos, sino en su comienzo: la gratitud inicia todo lo bueno. La gratitud no es solo un paisaje para los buenos tiempos de felicidad. La gratitud es un tiempo al que es necesario recurrir con mayor fuerza cuando hay dificulta-

---

[6] En el equipo de investigación de la Universidad de California, en Riverside, Rene Melissa Dickerhoof trabajó esta cuestión y descubrió que quien ejercita cotidianamente actos positivos, como la gratitud, tiende a tener una perspectiva capaz de valorar de forma más positiva cada acontecimiento de su vida.

[7] http://www.30daygratitudechallenge.com/

[8] A. M. WOOD, J. MALTBY, R. GILLET, P. A. LINLEY, S. JOSEPH, «The role of gratitude in the development of social support, stress and depression: two longitudinal studies»: *Journal of Research in Personality* 42 (2008), 854-871.

des, «empantanamiento» o incertidumbre. Esa gratitud nos fortalece para afrontarlas y superarlas. Es algo que nos recomienda vivamente el matrimonio Levey: cuando estemos en crisis, retornemos a la gratitud. «Tanto las enseñanzas antiguas como la investigación médica moderna están de acuerdo en que una de las vías más rápidas y directas para restaurar la armonía y el equilibrio en nuestras vidas es fomentar la gratitud y el reconocimiento. […] Acordarse de regresar a la gratitud –especialmente en momentos de dificultad– es un acto radical de afirmación vital que fortalece tu capacidad de resiliencia» (Joel y Michelle Levey, 2011).

La gratitud parte de lo más hondo de nosotros. Como ningún otro sentimiento, nos hace alcanzar lo más fundamental de la vida. La gratitud es un potenciador del sabor de la vida. La gratitud es uno de los sentimientos y de las virtudes más complejas que disfruta el ser humano. Y, sin embargo, desborda sencillez. Tienen razón quienes dicen que es una emoción, pero también quienes sostienen que es una virtud y también quienes afirman que la gratitud es una forma de estar en la vida. El agradecimiento es una disposición de toda la persona.

¿Qué ocurre cuando damos gracias? Cuando damos gracias, reconocemos la gracia del otro. ¿Y qué es la gracia? La gracia es «el otro dándose gratuitamente por libre iniciativa». Gilbert Keith Chesterton dijo en una de sus inspiradas frases: «Cualquier bien es mejor cuando aparece como un regalo». La gratuidad es un componente imprescindible de la gracia. La gracia es el otro dándose gratuitamente. «Gracias» y «gracia» están íntimamente vinculadas.

La gratitud es una respuesta vital de la persona. Podemos decir *gracias* rutinariamente, pero cuando lo pronunciamos con sentido, ese agradecimiento saca algo de nuestro fondo. Abre una vía de paz y entrega entre lo más hondo de ti y el otro. Creo que el elemento básico de la gratitud es la acogida: uno acoge lo que el otro le da; acoge al otro dándose; acoge la gracia. Así pues, la gratitud es, en primer lugar, hospitalidad. Ser ingrato es no aceptar que se te haga un favor, despreciar los beneficios, olvidar el bien o manipular las intenciones de quien se te da. No es fácil acoger la gracia. Dejarse ayudar implica muchas cosas y nos remueve aspectos que quizás no estamos dispuestos a cambiar fácilmente.

Esa hospitalidad supone también humildad para reconocer que no eres autosuficiente, que necesitas del otro, que lo que hace el otro por ti es valioso –aunque sea un pequeño gesto–. Solo quien es humilde es capaz de recibir favores. Quien no, siempre piensa que es un derecho que tiene. «La gratitud implica humildad», dice el doctor Emmons.

Un suceso que ilustra bien esto se narra en el Evangelio de san Juan, en el pasaje conocido como el lavatorio de los pies (Juan 13,1-17). El evangelista relata vivamente la escena. Antes de comenzar a cenar, cuando ya estaban todos sentados, Jesús se levantó de la mesa para aliviar y limpiar los pies de sus amigos, cansados de tanto camino. Jesús se quitó el manto, se ciñó corta la ropa, tomó una toalla, echó agua en una jofaina y, arrodillado, lavó los pies a cada uno. Pero ¿qué pasó cuando llegó a Pedro? Pedro se negó a que se los lavara: «No me los lavarás jamás». ¿Quién era él para aceptar un favor del mismo Dios? ¿Cómo podía consentir que su Señor le lavara los pies a él, su siervo? «¿Tú me lavas a mí los pies?». Este es un mensaje central del evangelio: la primera cuestión no es cuánto estás voluntariosamente dispuesto a dar, sino que hay una pregunta previa, la de cuánto amor estás dispuesto a recibir.

La gratitud es el no-poder. La persona agradecida pone todo su ser a disposición del otro y reconoce que ese amor que siente por el otro no ha sido creado ni inventado por él, sino que ha sido suscitado por la gracia del otro. La gratitud es la autoridad del no-poder.

El monje benedictino austríaco David Steindl-Rast sostiene que «la gratitud es esencialmente una celebración. [...] Una celebración por una inmerecida amabilidad»[9]. Creemos que es muy sabio lo que dice. La gratitud es en primer lugar hospitalidad y en segundo lugar celebración. Al expresar el «gracias» o el signo del *námaste*[10], uno hace una pequeña celebración. Cada vez que decimos «gracias», hacemos una pequeña celebración. Y hay veces que nuestro agradecimiento solo puede expresarse si hacemos una gran celebración. Entonces hacemos una fiesta, recibimos en casa a aquella persona a la que estamos agradecidos y le brindamos lo mejor de nuestro hogar, o le llevamos un valioso regalo con el que no tratamos de hacer un cálculo de mutuos valores, sino de comunicar nuestra

---

[9] D. STEINDL-RAST, «Gratitude as Thankfulness and as Gratefulness», en R. A. EMMONS y M. E. MCCULLOUGH (eds.), *The psychology of gratitude*, Oxford University Press, Oxford 2004, 282-290.

[10] Típico saludo reverencial del sur de Asia, que se hace inclinándose y uniendo las palmas de las manos, en expresión de reconocimiento y respeto.

gratitud. La gracia de la persona siempre la excede. Al darse libre y gratuitamente, siempre va más allá de donde quizás pensaba, porque el dar llama al dar. Y al agradecer también nosotros tendemos a excedernos, a salir de nuestros cálculos.

## Cuando se pierde la gratitud

Las experiencias de muchas parejas y familias atestiguan que el sentido de la gratitud se pierde, se duerme, se rebaja e incluso se pervierte. Dietrich von Hildebrand lo describe con gran fuerza. A veces, «en el considerar como algo natural todas las muestras bellas y valiosas del amor del otro por nosotros, hay también un endurecimiento de nuestro corazón, un atentado contra la virtud fundamental de la bondad. Ya no apreciamos la belleza de la bondad del compañero en todos los beneficios particulares. Los vemos tan naturales que lo aceptamos casi como si tuviéramos derecho a ellos. [...] Con frecuencia he podido observar que un hombre se estaba haciendo insensible frente a los favores por parte de personas muy cercanas a él, mientras que comprendía plenamente muchas amabilidades o servicios insignificantes de personas recién conocidas y respondía con agradecimiento» (Von Hildebrand, 1980: 46-47).

Es una experiencia común. Uno puede sentir que su pareja o sus hijos nunca le agradecen las cosas. Al otro no le sale la palabra «gracias» del corazón. Es más, suele ir más bien a lo suyo, con un tono bastante bajo, sin expresar alegrías y con cierta ausencia. Y, sin embargo, le llaman por teléfono y su tono cambia totalmente.

Bueno, si resulta que es su madre o la tuya, el tono es similar. Pero si le llama tal o cual amigo o amiga, se convierte en una persona distinta. El tono es alto, vivaz, dinámico, activo, exhibe entusiasmo y se muestra dispuesto y atento. Es efusivamente agradecido y uno piensa que, cuando apague el teléfono, nos caerá algo de ese nuevo sentimiento de gratitud. Pero no: en el momento justo en que termina la conversación, vuelve a cerrarse el submarino y se sumerge en sus profundidades. Por mucho que preguntes quién era y trates de contagiarte algo de aquella alegría, responderá con evasivas e incluso puede que se muestre molesto. Hildebrand describe muy bien esto en el texto anterior.

La vida en el hogar es una entrega total en todo. Es muy difícil vivir juntos si no es desde la dinámica de la entrega. Uno no se da a la familia a cambio de contraprestaciones. La familia se funda sobre una entrega incondicional que trata de superar todas las situaciones, a no ser que impidan en sí misma dicha entrega. Con los hijos la experiencia es muy clara. Uno no espera que le agradezcan lo que hace por ellos. Cuando son muy pequeños, su propio amor expresa mejor que ninguna otra celebración su agradecimiento. Cuando son jóvenes, su preocupación por volar hace que tengan muchas veces la mirada más en el horizonte que en el nido. En la familia uno no da para que le agradezcan, sino que actúa buscando desinteresadamente el bien del otro. Nadie lleva cuenta de los beneficios, ni tiene una libreta con la contabilidad de favores. Los favores en la familia son tan desmedidos que no pueden tener una respuesta proporcional. Toda gratitud se queda corta en la familia.

La gratitud es sencilla pero no siempre es fácil. No pocas personas llegan a sentir vergüenza de agradecer. ¿Por qué a veces tenemos vergüenza de ponernos frente a nuestra pareja y, mirándola a los ojos, expresarle nuestros agradecimientos? Es un sentimiento frecuente. ¿Acaso creemos que no hay nada que agradecer? ¿Pensamos alguna vez que el otro está obligado por algún derecho, por la costumbre o por su propia psicología a hacer lo que hace? ¿Llegamos a pensar que la deuda del otro con nosotros es tan grande que lo que hace no es motivo para dar gracias? No, ¿verdad? Pero quizás sí lleguemos a creer que el otro ha perdido la gracia: a veces lo que hace pasa inadvertido a nuestros ojos. En ocasiones, valoramos mucho más lo que nos hacen personas a las que estamos mucho menos unidos. No pocas veces el aburrimiento echa paladas de arena sobre toda posible gratitud. Fritz Perls –creador de la «terapia Gestalt» junto con su esposa Laura Posner– solía decir: «El aburrimiento es simplemente falta de atención». Quizás nuestra sociedad simplemente viva una profunda crisis de gratitud. Si nos fijamos, ni las ideologías ni los discursos políticos y económicos utilizan la idea de gratitud.

La gratitud es una dinamo: se carga de energía conforme andamos, no hay que ir a buscarla a sitios extraños. Pero eso no significa que no haya que trabajarla. Llega un momento en que la gratitud, que naturalmente nos sale desde niños, puede llegar a ser olvidada, despreciada o alienada, y debemos aprender de nuevo a valorar y dar las gracias. Aprender de nuevo a dar gracias es posiblemente el paso más importante para construir o reanimar una pareja.

«La gratitud es la memoria del corazón», dice el francés Jean-Baptiste Massieu. A veces nuestra carencia de gratitud es simplemente falta de memoria. Si no sabemos agradecer, entonces tenemos que aprender a recordar.

Incluso cuando las parejas se han roto y ya viven distantes, la gratitud tiene un papel importante. Muchos habremos vivido distintas relaciones sentimentales. Muy probablemente, las que acabaron no pudieron hacerlo sin provocar cierto dolor y es fácil que, sin querer, nos hayamos hecho daño. A veces, los vericuetos del amor y el desamor hacen que las parejas construyan una trampa y se metan ellos mismos en ella. Todas las veces que hemos roto con alguien, esa ruptura ha tenido un tiempo de distancia y reproche. Aunque, a veces, el desamor también te deja tan cansado que rindes las llaves de la ciudad, las dejas al pie del otro y te marchas derrotado. Tan cansado que el dolor apenas se deja sentir. Pero conforme pasa el tiempo y las heridas dejan de sangrar, somos capaces de elevar la mirada por encima de las vallas del despecho y reconocer lo bueno que aprendimos y celebramos con el otro. Sin duda seguirá habiendo sombras, pero más pacíficas. La experiencia de poder agradecer al otro tras haberse separado nuestros caminos es muy honda y sanadora. Dietrich Bonhoeffer dijo una vez: «La gratitud transforma la agonía de la memoria en pacífico placer».

Cuando además compartes con la ex pareja hijos en común, el agradecimiento se convierte en una dinámica imprescindible para poder hacer «vivible» la relación. A fin de cuentas, aunque ya no haya una relación conyugal, sigue habiendo una paternidad compartida que, incluso si el dolor la ha anegado, anhela algún día ser capaz de perdonar y agradecer.

Cuando se ha olvidado cómo ser agradecido, hay que hacer ejercicios, volver a entrenar. Robert Emmons anima a llevar un *cuaderno de gratitud* y apuntar cada semana cinco cosas por las que se quiere dar gracias (Emmons, 2010). Los Levey (2011) conocen una familia que escribe un *Diario familiar de gratitud*, que siempre está en la cocina, dispuesto para que cualquiera del hogar anote en él. A lo largo del día, los miembros de la familia van escribiendo distintas cosas por las que dan gracias, tanto de la vida personal como de la común. De vez en cuando, abren todos juntos el diario y lo leen en voz alta, lo cual les hace sentirse intensamente comunicados, felices y conectados unos con otros. Ya hemos visto cómo Ignacio de Loyola en el siglo XVI proponía que cada noche se recogiera la gratitud del día. Lo mismo recomienda la psicología actual. Nina Lesowitz y Mary Beth Sammons invitan a emprender un *círculo de gratitud* en el que, agradeciéndonos las cosas el uno al otro, agrandemos el poder del «gracias», el *Thank-you power*[11]. James Autry[12] propone el *Gratitude Walk*, paseos que podemos hacer con personas a las que queremos agradecer algo. Distintos autores recomiendan vivamente recuperar las cartas de agradecimiento (Boehm, Lyubomirsky y

---

[11] N. LESOWITZ - M. B. SAMMONS, *The Gratitude Power Workbook: Transform Fear into Courage, Anger into Forgiveness, Isolation into Belonging*, Viva Editions, Berkeley 2011.

[12] J. A. AUTRY, *Choosing Gratitude*, Smyth & Helwys Publishing, Macon, Georgia 2012.

Sheldon, 2011[13]; Lyubomirsky, Dickerhoof, Boehm y Sheldon, 2011[14]; Seligman, Steen, Park y Peterson, 2005[15]). Las *cartas de gratitud* recogen una historia de gratitud o quieren expresar un momento por el que especialmente queremos dar gracias a alguien.

---

## INDICACIÓN METODOLÓGICA

Tras el marco, los participantes deben dedicarse al ejercicio. Aunque sería bueno ahondar en las ideas expuestas en el marco, ahora hay que dedicarse al ejercicio. No es un tiempo para discutir intelectualmente. Es mejor hacer la experiencia práctica. Van a profundizar en las mismas ideas, pero de modo más creativo y constructivo.

---

### 2.3. Ejercicio: el mapa del tesoro

A veces somos como Pulgarcito y nos perdemos en lo profundo del bosque o no sabemos por dónde hemos llegado a donde estamos. En esos momentos, nos gustaría ser como él y haber ido echando guijarros de co-

---

[13] J. K. Boehm, S. Lyubomirsky y K. M. Sheldon, «A longitudinal experimental study comparing the effectiveness of happiness-enhancing strategies in Anglo Americans and Asian Americans»: *Cognition & Emotion* 25 (2011), 1263–1272.

[14] S. Lyubomirsky, R. Dickerhoof, J. K. Boehm, K. M. Sheldon, «Becoming happier takes both a will and a proper way: An experimental longitudinal intervention to boost well-being»: *Emotion* 11 (2011), 391–402.

[15] M. E. P. Seligman, T. A. Steen, N. Park, C. Peterson, «Positive psychology progress: Empirical validation of interventions»: *American Psychologist* 60 (2005), 410–421.

lores o migas de pan por el camino: así, al sentirnos desorientados, miraríamos atrás y podríamos remontar el camino hasta las lindes del bosque. Los agradecimientos son esas marcas que podemos seguir para descubrir en nuestra memoria el itinerario de nuestra historia y no perdernos en la vida. Quien es agradecido sabe de dónde viene y con quién va. Ser agradecido es hacer muchas veces memoria de todo lo que nos han entregado los otros a lo largo de la vida. Cuando la ingratitud o el malestar acechan nuestra vida de pareja y de familia, lo mejor es hacer justicia a nuestra historia y recordar el camino.

Nuestra propuesta es que la pareja y la familia hagamos una memoria agradecida de nuestra historia de vida en común. Esa historia agradecida seguramente no estará formada solamente por momentos de dicha sino también algunos de dolor, en los que también habrá mucho que agradecer: el apoyo, la unidad, la paciencia, la solidaridad, la compañía... No se trata solo de hacer una historia de aquello que ha sido bueno y feliz, sino del camino de vida común desde la perspectiva del agradecimiento.

Usar metáforas ayuda a darle más profundidad a nuestras reflexiones en común. Invitamos a usar la narración de la isla del tesoro. La familia tiene un gran tesoro, que es todo aquello que es fuente y objeto de gratitud. La isla representa nuestra vida en común, a cuya costa cada uno llegó desde lugares diversos. La historia de esa vida en común va a ir haciendo un recorrido por la isla. Proponemos que, a lo largo del mismo, se vayan identificando aquellos acontecimientos que fueron importantes en la historia de gratitud de nuestra pareja o familia. Lo más útil es que la familia vaya siguiendo su vida linealmente desde que los mayores se conocieron y unieron sus vidas.

El tesoro no está al final, sino que lo vamos descubriendo por el camino. Iremos trazando el camino de nuestra vida y poniendo aquellos momentos en los que experimentamos especial gratitud. No siempre son momentos felices, sino que a veces uno siente gratitud por cómo la familia se comportó durante una adversidad –por ejemplo, cómo se apoyó a la madre cuando se quedó sin empleo–, una pérdida o un suceso estresante.

Es bueno que cada miembro de la familia que hace el ejercicio haga una lista con las cosas que él pondría en esa historia de gratitudes. Se puede dedicar 30 minutos a pensarlo. Tras pensar por separado ese mapa inicial, llega el momento de compartirlo. Será interesante comprobar qué hemos recordado y olvidado cada uno. Tengamos una mirada en todo caso positiva: cada uno aporta aquello que ha sido más relevante. Olvidarnos de algo no significa que no sea importante: ¡es mucha vida y muy intensa por recordar!

Tratemos de hacer un dibujo común. Echémosle arte y divirtámonos dibujando juntos, aunque los dibujos sean muy artesanos. Si tenemos colores, démosle color a la tierra de nuestra vida. La imaginación y creatividad son determinantes para el éxito de este ejercicio que no solo nos pide palabras, sino también que dibujemos y, por tanto, nos impliquemos. No importa si los dibujos no parecen muy sofisticados: no hay malos dibujos sino formas distintas de expresarse. Los dibujos nos ayudarán a pensar. Es lo que se conoce como *Visual Thinking* o «pensamiento visual»: las creaciones visuales nos ayudan a pensar e ir encontrando palabras que las acompañen.

Comenzamos pintando el contorno de la isla. Podemos hacerla como un mapa bidimensional o tratar de dibujarla tridimensionalmente. Hacemos primero un borrador en una hoja sencilla. Luego podremos hacer una versión más artística que perdure.

A continuación, podemos dibujar de donde venía cada uno. Quizás se pueden dibujar dos islas más alejadas y unas naves con las que se llegó. Luego trazad un camino por la isla e id poniendo los sucesos por los que se da gracias. Buscad accidentes geográficos para expresar mejor cada momento: un pantano de dificultades que hay que atravesar gracias a un puente, una casa que representaría nuestro primer hogar, un coche para un viaje juntos, una chabola que puede simbolizar el voluntariado social que hicimos juntos, etc. Se pueden poner algunas palabras en el dibujo. Dibujar juntos es un modo de celebrar.

Celebremos ese camino en común y continuemos mejorando el dibujo con colores y añadidos que le den belleza. Sin duda el resultado merece que lo guardemos en un lugar seguro y destacado de la casa. Cuando de nuevo nos desorientemos, sintamos que la vida común se afloja o simplemente queramos darnos un banquete de gratitud, vayamos a buscar el mapa y busquemos allí nuestro tesoro.

*¿Cómo hacer el ejercicio con familias acompañadas de niños o jóvenes?*

La mejor forma de hacer el ejercicio del mapa del tesoro es que los adultos lo hagan primero, los niños dibujen y recorten figuras y luego se junten todos para hacer un dibujo común.

## 2.4. Compartir

Se propone que cada pareja o familia comparta con todos los demás su mapa del tesoro. Dependiendo del número de personas, será posible que cada uno salga y comente lo más importante que haya descubierto. Si hay demasiados participantes, se pueden hacer grupos más pequeños. En la imagen, una pareja comparte su mapa del tesoro con el resto de participantes. Como vemos, sigue siendo muy importante que los miembros de la pareja o familia se pongan en pie juntos ante todos los demás.

## 2.5. Evaluar es dar valor

Evaluar permite poner en valor. También es una oportunidad para revisar si teníamos las actitudes y disposiciones adecuadas para aprovechar al máximo la experiencia. ¿Qué puede el participante y su familia mejorar para sacar mayor provecho de esta experiencia? Se reparte la siguiente tabla a cada persona y, tras cumplimentarla, lo comparte con su acompañante o acompañantes. Luego hacemos una ronda donde se comparte la respuesta a la primera pregunta: una sola palabra que resuma lo vivido en este tiempo.

| PREGUNTAS DE EVALUACIÓN | SEGUNDO TIEMPO: GRATITUD |
|---|---|
| ¿Qué palabra resumiría todo lo que he vivido en este tiempo? | |
| ¿Cuál es el sentimiento principal que me queda? | |
| ¿Qué es lo que más me ha sorprendido o he descubierto? | |
| ¿Qué es lo que más agradezco de este tiempo? | |
| ¿Qué podía haber vivido mejor? | |
| ¿Qué aprendí yo? | |
| ¿Y qué creo que aprendimos juntos en mi pareja o familia? | |
| ¿Y qué me gustaría que hiciéramos al respecto de cara al futuro? | |

# 3

# Tercer tiempo:
# el proyecto de familia

**Objetivos:**

(1) Ser conscientes de cuáles son los principios sobre los que ha funcionado la propia familia hasta el momento.

(2) Dotarse de un proyecto explícito y conocido por todos los miembros de la familia.

(3) Deliberar juntos y alcanzar una opinión compartida sobre la esencia de la propia familia.

## 3.1. Inspiración: *La casa de mi vida*

Hay una película ideal para inspirarnos en este momento. Su título es *La casa de mi vida* (*Life as a House*). La dirigió Irwin Winkler en 2001, basándose en una obra[1]

---

[1]   El guión de la película está disponible en http://www.daily script.com/scripts/LifeAsAHouse.html.

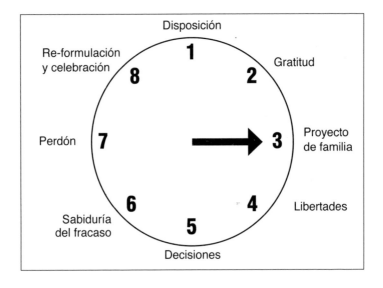

Disposición

Re-formulación y celebración — **1**

Gratitud — **8** **2**

Perdón — **7** → **3** — Proyecto de familia

**6** **4** — Libertades

Sabiduría del fracaso **5**

Decisiones

de Mark Andrus[2]. Recomendamos seleccionar varios momentos de la película y editarlos para que este momento de inspiración sea breve, pero se dé idea del conjunto de la película[3]. Previamente es bueno explicar la sinopsis de la película. Para ello se puede leer lo que viene a continuación.

---

[2] El mismo guionista de la también magnífica película *Mejor... imposible* (*As Good as It Gets*, dirigida por James L. Brooks en 1997).

[3] Proponemos seleccionar las siguientes escenas de la película. La primera escena que visionaríamos sería aquella en la que padre e hijo están dentro de la vieja casa y el padre le pide que construya esa casa con él. El padre comienza a destruir la vieja casa donde fue tan infeliz y el hijo se suma a él (son aproximadamente 4:30 minutos). La segunda escena, que incluiríamos a continuación, es aquella en la que, bajo un sol radiante, todos se ponen a construir juntos la casa (aproximadamente 1:45 minutos). En la tercera y última escena, la ex mujer llega a la casa donde el hijo está ultimando detalles de la construcción. Le comunica que el padre ha fallecido. Proponemos escoger desde ese punto hasta el final de la película (3:05 minutos). Hay que seleccionar esos fragmentos para que los participantes los visionen todos seguidos.

La identificación entre casa y vida es la clave profunda de la película. Nos cuenta la historia de George Monroe y comienza en el momento en el que su vida se desploma. Él es arquitecto y, tras veinte años de servicio en una empresa, es despedido porque se niega a echar a gran parte de su equipo. George destruye todos los modelos de casas, excepto uno que considera la casa de sus sueños. Deja vacío todo su despacho y se va para siempre de la empresa, sintiendo que deja un trabajo que hacía tiempo que ya no le aportaba nada y que se abre ahora ante él una oportunidad para reencauzar su vida con autenticidad.

Pero, al salir del edificio, se desploma en plena calle. Aunque él cree que lo ocurrido fue ocasionado por el estrés del conflicto, en el hospital le diagnostican un cáncer en tan avanzado estado que no va a poder superarlo. Entonces todo se le viene encima, porque al contemplar su vida solo la ve como un desastre. Está conflictivamente divorciado de su mujer –Robin, a la que todavía ama–, quien a su vez se ha casado con un hombre de negocios excesivamente duro. En opinión de George, el nuevo marido de su mujer se dedica a «comprar y vender el mundo». Con Robin vive el hijo que tuvo con George, un adolescente cuyo nombre es Sam. Este sufre dramáticamente tanto a su madre como a su padrastro. Eso le ha empujado a un comportamiento rebelde, asocial, lastrado por el consumo de drogas y malogrado en el ejercicio de la prostitución masculina. George se siente tremendamente fracasado como marido y como padre. Mira a su pasado y piensa que toda su vida está condicionada por su propio padre, ya fallecido, que era una persona egoísta y abusadora. La casa en la que vive George es la vieja casa de su padre, que, aunque está al borde del mar y construida sobre roca, es parte de una historia podrida. Hay un pecado de su padre que atormenta a George de manera especial: años atrás, mientras conducía alcoholizado, el padre invadió la calzada contraria y chocó contra otro coche. En el accidente murió la madre de George que iba de copiloto, así como la mujer del otro coche, y la hija de esta, de cinco años, quedó discapacitada y con la vida arruinada en un parque de caravanas en el que ahora tiene que malvivir. George, que es experto en construir modelos y planos de casas, sabe que no ha sido capaz de aplicar los mismos conocimientos para construir su vida propia, la de su familia y, especialmente, la de su hijo.

George decide derribar la casa de su padre y reconstruir en el mismo sitio –sobre roca y frente al mar– de nuevo una casa y su propia vida, tan próxima a terminar. Se va a convertir en la gran oportunidad simbólica para la redención de su vida. Para poder hacerlo necesita la ayuda de su hijo Sam, a quien se vincula de nuevo, pero sin confesarle su enfermedad. Tras grandes dudas, este se decide a ayudar a su padre y esa reconexión con su padre, y la misma experiencia de construir juntos una casa, comienzan a tener efectos positivos sobre su propia vida. Robin –madre de Sam y ex esposa de George– estaba desesperada con George y con su nuevo marido, que está totalmente ausente y, cuando no lo está, les maltrata. Se asombra del cambio experimentado por Sam, a quien daba por perdido. Esperanzada, se acerca a ver qué es lo que está construyendo con su padre, George, y allí descubre a

su hijo renovado y a su ex marido, en quien ve de nuevo al hombre del que se había enamorado la primera vez. Movida por la amistad y el agradecimiento por lo que George está haciendo por su hijo común, también ella se presta a ayudar. A ella se suman otros vecinos y amigos que también ayudan a George, sin que nadie sepa el estado en que este se encuentra. La obra avanza y todos sienten que no se está construyendo solo una casa, sino que se está reconstruyendo la propia vida y la de la familia y comunidad que todos forman. Hasta el segundo marido de Robin se acerca a ayudar porque, pese a que sabe que su mujer ha redescubierto a su primer amor, siente que hay allí una fuente de vitalidad que él mismo necesita.

Si los relojeros están usando este mismo texto para presentar la película a los participantes, es bueno que se detengan en este punto y que todos visionen los fragmentos que hemos señalado. El resto del relato es para los lectores de este libro.

Las dificultades no son pocas. La construcción es denunciada por un vecino envidioso y las relaciones entre ellos se complican porque los años han cerrado muchos nudos. Pero la autenticidad y la esperanza de una nueva vida impulsan a todos a entregarse al proyecto de George para construir la casa. Cuando ya falta muy poco para que la casa se termine, finalmente George confiesa a su ex mujer y su hijo su enfermedad. El adolescente se siente traicionado y abandona, volviendo de nuevo a las drogas y la prostitución. Sam le reprocha que hayan sido la necesidad y el interés los que hayan motivado que su padre se acercara de nuevo a él. George lo niega y le dice que lo único que quería era recuperar de nuevo el amor que les unía en su niñez. Parece entonces que, pese a las buenas intenciones, la estructura de sus vidas está ya tan dañada que no es posible rectificarla por mucho esfuerzo que pongan.

Agobiado, George se derrumba en el nuevo garaje y su ex mujer, Robin, lo encuentra por la mañana. Lo conduce al hospital y allí les dicen que se ha acelerado su desgaste físico, lo cual va a hacer imposible que termine la casa. Al enterarse de esto, su hijo Sam vuelve a la casa y por sí solo logra terminarla. Aunque Robin se lamenta de que vaya a perder a George ahora que ha redescubierto el verdadero amor de su vida, siente que esa experiencia de haber construido la casa, haber recuperado a su hijo y haberse encontrado y reconciliado con George ha valido toda una vida.

Ya sin George, Sam, heredero del nuevo edificio, decide que la casa no sea para ellos sino para reparar el gran daño que su familia había causado a aquella joven a quien su abuelo atropelló borracho. Generosamente, Sam decide regalarle a ella la nueva casa, terminando así de sanar los cimientos de la casa de su familia y de su propia vida. Sam siente que hay algo que le trasciende en ese gesto de haber reconstruido juntos la casa, la familia y cada una de sus vidas y que tiene sentido que eso no se lo queden ellos mismos, sino que sea entregado a otros. Resuenan en su cabeza las últimas palabras que le dirigió su padre antes de morir: «Siempre pensé en mí mismo como una casa. Es lo que siempre he vivido. No necesitaba que fuera grande y ni siquiera tenía que ser bonita. Solo necesitaba que fuera la mía. Me he convertido en lo que estaba llamado a ser. Construí por mí mismo una vida… Construí con mis propias fuerzas una vida. Hace años mi padre cruzó una doble línea continua con el coche. Ese error cambió para siempre mi vida y la de una niña pequeña. No he podido parar de pensar en ella». Mientras recuerda esas palabras, en ese mismo instante, George está en la casa y la joven que fue atropellada abre la puerta en una silla de ruedas. Emocionado, Sam saca del bolsillo unas llaves y se las da diciéndole: «Mi padre construyó para ti esta casa». Vuelven a su cabeza las últimas palabras de su padre:

«La casa se alza majestuosa en su lugar entre los árboles y la hierba, sobre roca al borde del acantilado, que hace frente, sólido, a los golpes de la marea. Así es como si tú, Sam, fueras una casa, querrías haber sido construido».

Así termina el guión de Marc Andrus, aunque hay una alternativa del director de la película a esas palabras finales y son las siguientes, pronunciadas también por George en su lecho de muerte: «Pero ahora, cada vez que las olas golpean, escucho algo nuevo. Algo que nunca antes había oído. Estoy al borde de un acantilado, escuchando. Casi ya al final. Si tú fueras una casa, Sam, deberías querer estar construido sobre roca y mirando de frente el mar. Escuchando, escuchando...».

En sus palabras finales, George reconoce que como padre no había sido capaz de ayudar a su hijo a construir su vida sobre roca para hacer frente a los oleajes de la existencia. Sabe que esa es la gran lección para Sam, a la que ha querido finalmente entregar su propia vida: igual que ellos han construido juntos por puro amor la casa sobre roca, así es como la vida debe estar construida. Sam culmina por sí mismo la herencia de su padre al donarla a la joven atropellada, haciendo vida la convicción de que el amor culmina en la entrega de la propia familia a los demás. La película es una gran metáfora que Mark Andrus desarrolla en varias capas: la propia vida, las relaciones, la familia, la comunidad, el propio sentido de la vida... Sin duda, es una película para ver antes de reconstruir una casa o una familia. Efectivamente, la familia es como una casa. De hecho, el hogar es usado como sinónimo de familia y la casa quizás sea la principal metáfora de una familia.

**INDICACIÓN METODOLÓGICA**

Es importante continuar cuidando el clima del grupo y poner todo de nuestra parte para que las personas se sientan atendidas y apreciadas. Para crear momentos de calidad para el descanso y el encuentro, es muy bueno tener café, té o mate para animar en los intermedios.

## 3.2. Marco

Toda familia tiene un proyecto. Toda familia realiza un camino, piensa el futuro, planifica, deja un legado a las siguientes generaciones y se posiciona por acción u omisión ante los hechos de la historia. Una familia se proyecta en el tiempo, continuando una cadena que sigue de generación en generación. Puede que el proyecto nunca haya sido formulado, nunca se haya pensado integralmente, pero siempre existe.

Para una pareja que comienza, escribir por primera vez el proyecto de familia es un reto. Pero no es menos desafiante actualizar aquel proyecto inicial para una pareja que ya ha recorrido un buen trecho de camino. Las circunstancias cambian. No es lo mismo el proyecto cuando los hijos han nacido y la carrera laboral se vuelve más exigente en tiempo y dedicación. Quedan pocos tiempos y espacios libres, que hay que defender para poder conciliarlo todo y no deteriorar la relación conyugal. Y no es el mismo proyecto cuando los hijos se han ido de casa a iniciar sus propios proyectos. Una gran parte de ellos sigue formando parte del proyecto de esa familia, pero de otra manera. Y cuando vuelve a haber niños en el hogar por la llegada de los nietos, el proyecto se debe reajustar también. Hay veces en que las vueltas de la vida nos llevan a tener que dar forma de nuevo al proyecto de familia. A veces hay que adaptar el proyecto cuando un hijo o un familiar necesitan constantemente una atención especial. A veces es por cambios de trabajo, porque se asumen nuevas responsabilidades, se cambia de ciudad o de estilo de vida. Entonces hay que volver a aquel lugar donde tenemos guardado el proyecto de familia, encender una luz y releerlo juntos.

Toda familia tiene un proyecto, lo sepa o no. Pero aquellas que lo conocen y lo hacen explícito cuentan con una poderosa herramienta para orientarse y reflexionar. Es un buen proceso para hacer con niños y jóvenes y así comunicarles el proyecto, que suelen intuir, pero que pocas veces han escuchado de manera explícita. El proyecto de familia es uno de los mejores «electrodomésticos» con los que puede equiparse un hogar.

Al hacerlo será importante ser realistas, no voluntaristas. No es momento de inventar lo que no somos, sino de desplegar lo que somos. Lo que sois como pareja ya es muy bueno. Sin duda hay sueños que se quieren alcanzar, un estilo de vida que se quisiera seguir, pero cuidado con idealismos que nos fuercen más allá de donde podemos alcanzar. Es mejor dar pasos poco a poco, no ponernos un proyecto que nos quede tan grande que no seamos realmente nosotros. El proyecto de familia «proyecta» a la familia, pero no la lanza a donde no puede llegar. El proyecto de familia es más bien un reconocimiento de lo que ya se es y sus consecuencias.

Un proyecto de familia no es una idealización para ser otros, sino para ser nosotros mismos. Tengamos cuidado cuando lo hagamos: ¿somos nosotros esos o son otros? Ortega y Gasset tiene un lema que me he repetido una y otra vez en la vida: *¡Sé lo que eres!* Es decir, llega a desarrollar lo que realmente eres.

Ninguna familia resiste un análisis al microscopio: siempre asoman problemillas. Como cada individuo, también todas las parejas y familias tienen sus límites y defectos. La mayoría de las veces son defectos compartidos por padres e hijos. Conocerlos e incluso reconocer que se heredan es fundamental para la buena salud de la familia. Es tan importante conocer nuestros sueños y aspiraciones como nuestros límites y fallos. Sin ser pesimistas, es bueno tratar de partir pacíficamente de lo que somos.

El proyecto de familia es de toda la familia, no de uno, ni de los padres sin los hijos. Es imprescindible que los adultos y jóvenes participen en plena igualdad y recibiendo igual responsabilidad. Es clave encontrar la justa proporcionalidad de la participación de los niños y adolescentes y también su proporcional responsabilidad. Es mejor un proyecto menos perfecto pero que todos sientan como propio y en el que se involucren. Por lo tanto, el proyecto de familia es producto de un proceso participativo e igualitario, atendiendo a la singular gobernanza que se da en la familia.

El proyecto de familia identifica lo esencial. Luego ya habrá tiempo para desarrollar más las cosas, hacer más planes. Ahora se trata de encontrar lo esencial. Eso permitirá que haya más consensos. Los planes y proyectos más específicos irán tomando forma con más tiempo y bajo los caracteres y condiciones de cada uno. El proyecto de familia no es un plan arquitectónico detallado sino más bien la maqueta que muestra la forma general de la casa. Lo que se busca es el diseño esencial, no planes muy específicos. El proyecto de familia es una visión de la familia. Es una mirada de alto nivel –global, esencial e integral– sobre el ADN de cómo se mueve una familia.

Hacer un proyecto de familia nos exige aprender a deliberar juntos, a distinguir lo esencial y buscar caminos compartidos que incluyan el ritmo y modo de andar de cada persona. El propio ejercicio de proyectar la familia nos hace crecer como familia. Nos damos cuenta de nuestros límites para poder hacerlo con lucidez y participación. Incluso parejas veteranas se hacen conscientes de que pueden mejorar mucho en comunicación, co-decisión y creatividad o recuperar parte de lo que el tiempo les desgastó.

---

**INDICACIÓN METODOLÓGICA**

En este tiempo la exposición del marco es corta porque la explicación del ejercicio es más larga. Recordemos que, en total, tanto la exposición del marco como contar el ejercicio debe durar aproximadamente 15 minutos.

---

### 3.3. Ejercicio: la casa de vuestra vida

Los relojeros facilitarán a cada persona una imagen de una casa (al final de este capítulo hay un ejemplo que se puede copiar). En ella hay diez estancias. Cada una de esas estancias trata un tema que es importante conocer para poder saber cuál ha sido hasta ahora el proyecto de familia. No se trata de saber cuál va a ser cara al futuro, sino cuál ha sido hasta ahora. Sobre ello se va a trabajar durante los posteriores pasos del Reloj.

Primero lo va a pensar individualmente cada participante durante 30 minutos y luego compartirá lo pensado con su pareja o familiares. Entonces irán viendo cada una de las estancias para describir juntos cuál ha sido hasta ahora el proyecto de su vida común como pareja, familia o novios. Efectivamente, los novios que por primera vez formulan su proyecto de vida pueden ir adaptando el proyecto a lo que ha sido hasta ahora su proyecto común.

Las diez estancias son:

(a) Legado (cimientos)
(b) Misión (comedor)
(c) Inspiración (salón)
(d) Crear juntos (cocina)
(e) Estilo (decoración)
(f) Dar espacio (dormitorios)
(g) Dar fruto (exteriores)
(h) Afrontar adversidades (sótano)
(i) Celebración (cuarto de juegos)
(j) Con y para otros (vestíbulo)

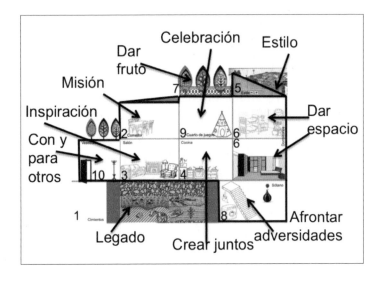

A continuación, explicamos cada una de las estancias.

*(a) Legado (cimientos)*

Nuestro modelo de proyecto de familia comienza preguntándonos por el legado que hemos recibido de nuestros padres y mayores (abuelos, tíos, etc.). *En términos positivos, ¿qué herencia sobre la familia hemos recibido de nuestros mayores? ¿Qué hemos aprendido de ellos y queremos transmitir?* Puede que haya cosas negativas, pero se trata de saber qué es lo más importante que os han transmitido en vuestras familias de origen. Pensad en cada uno de vuestros mayores (padres, abuelos, tíos…) y preguntaos acerca de cada uno: *¿Qué es lo más importante que me ha dado y he aprendido de esa persona para ser familia?* Puede ser una muy buena oportunidad para hacernos conscientes de cuánta gente nos ha querido y dado tanta vida para que nosotros podamos estar aquí tal como somos. Sin duda también emergerán vacíos, olvidos o personajes controvertidos. Pero hagamos una lectura positiva y agradecida.

Al final de la reflexión hay que escribir las tres palabras (o expresiones muy cortas) que recogen lo que más valoráis de ese legado. Escribidlas en la parte de la casa que corresponde a los cimientos.

*(b) Misión (comedor)*

La misión es una mirada global sobre el fin al que sirve cada familia. No la familia en general, sino singularmente cada familia. No se trata de enumerar las funciones de la familia sino cuál es la misión vivida por cada familia particular. Nos saldrán respuestas muy generales y convencionales al comienzo. Pero conforme profundicemos, iremos identificando algunos aspectos que forman parte de la misión y que son muy singulares de la situación de cada familia. La misión varía según el momento del ciclo vital en que se encuentra cada familia. Cada fase va modificando o modulando la misión de la propia familia. Ciertamente la esencia de la misión continúa siendo idéntica, pero con mucha probabilidad serán necesarios otros tonos, otros énfasis, nuevas atenciones y otros escenarios. Puede que, por ejemplo, una familia considere que parte de su misión es cuidar a sus mayores ancianos. Puede haber otras que estimen que la empresa familiar forma parte de su misión en un lugar secundario o incluso terciario. Es posible que una familia considere que su compromiso en el vecindario o por el bienestar de los pobres forma parte de su misión.

Algunas preguntas pueden ayudarnos a encontrar aquella que nos haga poner palabras a nuestra misión.

- *De todo a lo que nos dedicamos, ¿qué es aquello sin lo cual dejaríamos de ser lo que somos?*
- *¿Cuál creen en nuestro entorno que es la misión de nuestra familia?*
- *¿Qué creemos que no forma parte de nuestra misión como familia?*
- *¿Nos dedicamos sobre todo a aquello que debería ser nuestra misión? Y si no, ¿a qué deberíamos principalmente servir?*
- *¿Qué misión asumimos como familia que cada uno de nosotros por separado no podría?*
- *¿Qué aspectos de nuestra vida que solo son compromisos o dedicaciones deberíamos incorporar como parte realmente de nuestra misión familiar?*
- *¿Qué deberíamos dejar de considerar parte de la misión de la familia y más bien tenerlo como una tarea o actividad?*
- *¿Qué misiones hemos asumido cada uno como persona individual y no forman parte de la misión de la familia? ¿Debe ser así o han de incorporarse a la misión de la familia?*

En la metáfora de la casa, la misión es el comedor. El comedor es el lugar de la comensalidad. La comensalidad es posiblemente el principal símbolo de la familia después del fuego, lar o, propiamente, *hogar*. En la comensalidad se reúnen los aspectos más ligados a los aspectos más materiales de la misión –techo y comida–

y los más sublimes: acogida, presencia, compañía, disfrute, celebración. La comensalidad es una dimensión troncal en la vida de cualquier hogar y familia. En un comedor hay elementos más centrales y otros más secundarios. Quizás, llevando al detalle la metáfora de la casa, haya aspectos de la misión que sean la mesa, las sillas y el plato principal, muy importantes. Hay otros como los entrantes, el postre, los utensilios, etc., que son más secundarios. Tratemos de ordenar las diferentes misiones según su grado de centralidad y prioridad. Aquello imprescindible, aquello opcional; aquello sin lo cual no seríamos nuestra familia y aquellas misiones que nos hacen ir a mejor.

Escojamos tres palabras para resumir lo que es la esencia de la misión de la familia y escribámoslas en el comedor de la plantilla de casa que nos han proporcionado.

## (c) Inspiración (salón)

El fuego es el centro del hogar. Ahora, con las nuevas tecnologías de la calefacción, hemos perdido en gran parte del planeta la práctica del fuego. Tenemos que usar nuestra imaginación para concebir la centralidad del fuego. De hecho, la propia palabra *hogar* remite a ese fuego, el lar. Cuando se hacían los censos antiguos, se contaban hogares o «fuegos». ¿Y qué significa el fuego en nuestra metáfora de la familia como casa? Es aquello que da calor, que mueve y reúne a todos en la casa. En este momento nos preguntamos todos qué es lo que más nos inspira como familia. No preguntamos por la misión, el «para qué», sino por el «por qué», la razón que nos mueve más profundamente. No tengamos miedo a usar palabras a veces tan manidas como amor, ternura o corazón. Son palabras eternas e imprescindibles.

La estancia en la que representamos esos porqués es el salón, que es el lugar del hogar, fuego o chimenea. Buscamos aquella hoguera que ilumina el sentido último de lo que hace nuestra familia y la principal inspiración que la saca de todos los baches. Es la principal fuente de resiliencia que hace que nuestra familia resista y supere las adversidades. Es el soporte último cuando todo falla y el horizonte hacia el que todo se mueve en nosotros. Preguntémoslo de distintas formas hasta dar con ello:

- *¿Cuál es el motor de tu familia?*
- *¿Cuál es la razón última de todo lo que hacéis unos por otros?*
- *¿Qué es lo que os da más vida?*
- *¿Cuáles son vuestras raíces más profundas, de las que se nutre vuestra familia?*
- *¿Qué es aquello que más os inspira?*
- *¿Qué es lo que os hace volver al camino cuando como familia descarriláis?*
- *¿Qué es lo que más os anima a seguir adelante?*
- *¿Cuál es la fuente de vuestra fuerza como familia?*
- *¿Cuál es el sentido último de todo en vuestra familia?*
- *¿Qué es lo que da soporte a toda vuestra familia?*
- *¿Qué es en vuestra familia como el fuego de la hoguera?*
- *¿Qué es lo que nunca nos falla?*
- *¿Cuál es nuestro último soporte cuando todo falla?*

Escojamos tres palabras para resumir lo que es la fuente de sentido de la familia y escribámoslas en el salón principal de la plantilla de casa que nos han proporcionado.

## (d) Crear juntos (cocina)

El proyecto familiar no es una lista de actividades ni de cosas, sino que busca los «cómos», los estilos, opciones y capacidades de la familia. Ya sabemos cuál es el legado que recibimos y del que partimos, la misión a la que nos dirigimos y lo que nos inspira y mueve como familia. Ahora entraríamos en algunos aspectos que tratan de desentrañar esos cómos.

- El legado responde a la pregunta desde dónde.
- La misión es el para qué.
- La inspiración es el por qué.

A estos les van a seguir ahora varios elementos que tratan de descubrir nuestro «cómo» fijando nuestro foco en algunas cuestiones claves: cómo creamos juntos, nuestro estilo o actitudes, cómo damos espacio a cada uno, cómo damos fruto para los demás, cómo afrontamos nuestras dificultades y cómo nos entretenemos y celebramos. Al final de esas preguntas tendremos una serie de características de nuestros cómos y estos tendrán un denominador común. Tiene que haber unos rasgos coherentes entre el cómo creamos y el cómo superamos las familias. Es el mismo gran «cómo» pero aplicado a dos hechos distintos.

El «cómo» se refiere a cuáles son las actitudes principales que adoptamos, lo que solemos hacer, las reacciones, las capacidades que ponemos en juego y los procesos que solemos activar. Sin duda, al comentarlo, nos saldrá aquello negativo que forma parte del cómo nos comportamos en cada una de esas situaciones. Es bueno ser consciente, porque nos ayudará a identificar lo que sí ayuda a superar el problema y nuestras reacciones ante el mismo. Pero la formulación final debe ser positiva, reconociendo los elementos positivos por precarios o insuficientes que sean. Quizás la familia sienta que, ante las dificultades, siempre naufraga y no cuenta con «cómos» suficientes para evitarlo. Pero, aun así, debe ser suficientemente tolerante consigo misma para reconocer aquello que en esas situaciones sí les ayuda; aquello con lo que tirando a más lograrían salir de los baches.

En esta primera sonda sobre nuestros «cómos» preguntamos cómo creamos. Es la respuesta a varias preguntas.

- *¿Qué es lo que mejor hacemos como pareja y/o familia?*
- *¿Cómo hablamos las cosas en la vida cotidiana?*
- *¿Cómo nos comunicamos las cosas realmente importantes?*
- *¿Cómo valoramos las cosas?*
- *¿Cómo decidimos las cosas?*
- *¿Cómo participamos en las decisiones cruciales?*

En la metáfora de la casa que estamos utilizando, creemos que el cómo creamos se corresponde con la cocina. Cuando empleamos la expresión «la cocina» de algo (por ejemplo, «esta es la verdadera cocina de la empresa») nos referimos al lugar donde se deciden, diseñan y gestionan las verdaderas acciones. La cocina de la familia es el lugar donde se «cocinan» las decisiones principales. Ciertamente, las cuestiones más graves se suelen resolver en el salón o el comedor, pero previamente casi siempre han sido tratadas en la cocina. ¿Cuáles son las características de nuestra cocina familiar?

Quizás algunas preguntas más nos ayuden a sacar lo mejor de nuestros modos de decidir y crear:

- *¿Cuál es la mejor decisión que recordamos haber tomado juntos en nuestra vida como familia? ¿Qué recordamos de cómo se tomó tal decisión?*
- *¿Cuál fue la mejor idea que aportó a la vida familiar cada uno de los miembros? Sería bueno que cada uno escribiera la suya propia y la de cada uno de los demás y luego se pudieran compartir.*
- *¿Cuáles son las cosas más valiosas que hacemos como familia? ¿Cuáles son sus características?*

Seleccionad tres palabras que resuman lo dicho y escribidlas en la cocina de la casa.

El Reloj de la Familia se adapta a todo tipo de situaciones familiares.

## (e) Estilo (decoración)

Algo muy característico de cada familia es su estilo: de hogar, de vida, de estar. Hemos simbolizado el «estilo» de la familia con la decoración general de la casa, la estética de la casa, tanto interior como exterior. ¿Cómo es el aspecto de nuestra familia? ¿Cuál es nuestra estética? ¿Cómo la definiríamos? ¿Qué tipo de ropa vestimos? ¿Qué películas o programas de televisión nos gusta ver juntos? ¿Hay alguna música que nos guste a todos? Si nos ayuda, podemos primero describir el estilo de otra familia de ficción. Fijémonos, por ejemplo, en la célebre familia amarilla protagonista de la serie animada *Los Simpsons*. Y luego, fijémonos en nuestra familia.

Podemos profundizar en nuestro estilo de familia a través de alguna pregunta de mayor calado:

- *¿Cómo creéis que definiría un buen amigo de la familia nuestro estilo de vida?*
- *¿Con qué nos emocionamos juntos toda la familia? Y ¿qué actividad o cosa nos entusiasma?*
- *Si la familia fuese como un individuo y tuviera personalidad, ¿cuáles serían nuestros rasgos?*
- *Como grupo familiar ¿somos más tranquilos o activos, extravertidos o introvertidos, emotivos o analíticos, optimistas o suspicaces, gregarios o individuales, abiertos o prudentes, amables o cautos, estables o inestables, pacientes o impacientes, serios o divertidos, hablamos en voz alta o somos sigilosos, etc.? Seguramente se nos ocurren más posibilidades, preguntémonoslas e incorporemos las respuestas.*

Escribid en la casa las 3 principales palabras que describen nuestro estilo.

*(f) Dar espacio (dormitorios)*

Los dormitorios de la casa representan el espacio de cada uno, de la pareja y de cada miembro de la familia. En un punto posterior vamos a desarrollar con mayor hondura este aspecto, así que de nuevo buscamos que la pareja o familia haga una primera aproximación a lo esencial. ¿Cuál es la cuestión? Tratamos de conocer cómo ayuda la familia a que cada uno se desarrolle y cómo concilia unidad y libertad. Algunas preguntas orientativas pueden ser útiles:

- *¿Qué sueños personales no se están desarrollando por causa de la forma de ser que tiene nuestra familia y cómo se vive ese hecho?*
- *¿Cómo hace la familia para que cada uno de sus miembros se desarrolle al máximo en sus potencialidades?*
- *¿Cómo evita la familia continuar con las desigualdades de género y promover el desarrollo de todos y todas?*
- *¿Qué hace la familia para permanecer unida?*
- *¿Cómo hace la familia para vencer las tendencias al aislamiento e individualismo que puedan tener sus miembros?*
- *¿Cómo logra la familia que sus miembros comuniquen y compartan lo que sienten y les ocurre?*

Al hacer el ejercicio sería bueno que no hiciéramos consideraciones generales, abstractas, sino que dijéramos cómo estamos en realidad cada uno. Busquemos entonces si hay algo que caracteriza positivamente en este ámbito nuestro modelo de pareja y familia y hagámoslo constar. Seguramente en la plantilla de la casa no haya tantas habitaciones como miembros tiene la familia. No es necesario escribir lo relativo a cada uno, sino extraer rasgos generales. Pero de nuevo no deben superar las cuarenta palabras, que escribiremos en los dormitorios de la casa que estamos creando.

Escribid en la casa las 3 principales palabras que describen cómo damos espacio a cada uno en la familia y cómo respetamos su libertad y desarrollo autónomo.

### (g) Dar fruto (exteriores)

¿Cómo da fruto nuestra familia? La familia no está separada del mundo por una membrana impermeable. Su forma de vivir es un modo de construir mundo. El mundo se construye y sostiene principalmente con lo que cada familia hace de puertas adentro. Así, la crisis medioambiental, por ejemplo, se juega en gran parte en los hábitos de consumo que cada familia mantiene en la vida doméstica y transmite a sus hijos. La base de la conciencia social y política se forma principalmente en el hogar. La variable que mejor explica que alguien participe socialmente es que sus padres y familiares también lo hagan. La familia realiza muchas labores en el exterior de su hogar, pero lo que hace dentro no solo no es una labor menor o meramente interna, sino que tiene una proyección social de primera magnitud.

Para conocer el proyecto de una familia hay que preguntarse cómo se proyecta la familia para dejar el mundo a sus hijos mejor de como se lo encontraron. En la familia podríamos pensar cómo creemos que nuestro estilo de vida influye en el mundo.

- *¿En qué creemos que nuestro modo de vida como familia mejora el mundo?*
- *¿Qué cosas hacemos porque hemos pensado expresamente que son mejores para el mundo?*
- *¿Qué grado de conciencia tenemos de lo que ocurre en el mundo? ¿Cómo hacemos como familia para mantenernos informados del mundo? No quiere solo decir cómo nos informamos todos juntos a la vez, sino también qué medios ponemos como familia en el hogar para que cada uno lo haga.*
- *¿Mediante qué compromisos o apoyos intervenimos para mejorar el mundo? ¿Qué es lo que hacemos al respecto personalmente con el apoyo de la familia? ¿Y qué hacemos como familia juntos?*

Además de la influencia de nuestro modo de vida en la marcha del mundo, mediante nuestro trabajo cambiamos y hacemos que funcione el mundo.

- *¿Qué grado de implicación y apoyo tiene la familia en el trabajo o estudios de cada uno?*
- *¿Cómo forma nuestro trabajo parte del proyecto de familia?*

La familia influye en el mundo de manera proporcional a sus fuerzas y lo sostiene y transforma mediante su trabajo. Pero el impacto de la familia aumenta en intensidad conforme se acerca a los compromisos más cercanos en su entorno.

- *¿Qué servicios concretos realiza la familia en su entorno más amplio de familiares, amigos y vecinos? ¿Cómo los asume y vive?*
- *¿A quién y de qué cuida la familia fuera de su hogar?*
- *¿A qué servicios y dedicaciones se siente llamada la familia?*

Pensad cuáles son las tres principales palabras que sintetizan lo dicho en esta estancia y escribidlas en ella.

### (h) Afrontar adversidades (sótano)

La casa que empleamos para pensar nuestro proyecto de familia tiene sótano. Los sótanos suelen a veces representar aquello que ocultamos, por ser negativo o porque nos hace sufrir. Toda familia tiene defectos y hace cosas de las que no se siente orgullosa. En este cuadro no se trata de enumerarlos, sino simplemente de responder cómo afrontamos y superamos las cuestiones que son negativas en nuestra vida, tanto aquellas que son nuestra responsabilidad como otras que nos advienen por causa de otros, enfermedades o adversidades. Estamos buscando identificar en la familia cuál es nuestro estilo de afrontamiento de las cuestiones negativas de la vida. Hay que resumir el conjunto de aspectos en cuarenta palabras y escribirlas en el espacio destinado al sótano. Evitemos meternos en las negatividades concretas y no permitamos que ahora se hagan presentes dichas negatividades. Si no las mencionamos, casi mejor. Abstraigámoslas y saquemos un borrador de la forma que tenemos juntos para superarlas. Algunas preguntas ayudarán:

- *¿Cómo apoya la familia a sus miembros cuando estos atraviesan por problemas?*
- *¿Cómo gestiona la familia los defectos que siempre tienen sus miembros?*
- *¿Cómo ha vivido la familia los momentos de mayor dolor y adversidad?*
- *¿Qué hace la familia cuando hay cosas que es muy difícil decir?*

Resumid en tres palabras y escribidlas en el sótano.

## (i) Celebración (cuarto de juegos)

Además de asumir cuestiones negativas, las familias, sobre todo, se divierten y celebran la vida. Quizás sea bueno comenzar tomando conciencia de aquellas ocasiones en las que más nos divertimos juntos. *¿Cuáles son los momentos favoritos de cada uno? Si los miramos en conjunto, ¿qué creemos que les caracteriza? ¿Cuál es nuestro estilo de entretenimiento? ¿Cómo jugamos? ¿Qué nos gusta hacer como familia para descansar?*

Las familias son la comunidad más importante para celebrar lo importante. *¿Cuál es nuestro estilo de celebración? ¿Qué no puede faltar? ¿Qué faltaría para que fueran celebraciones perfectas?*

Resumid en tres palabras y escribidlas en el cuarto de juegos.

## (j) Con y para otros (vestíbulo)

Finalmente «el cómo» queda bastante descrito si respondemos a un asunto más: las relaciones con aquellos con los que la familia comparte la vida. Nos referimos a aquellos familiares o amigos a los que tratamos con frecuencia o que tenemos muy presentes, que nos influyen y cuidan; los que suelen estar en nuestras celebraciones importantes. Aquellos con los que sabemos que podemos contar cuando les necesitamos y que nos esperan cuando son ellos los que necesitan nuestra presencia o ayuda. Quizás sea bueno recordar a algunos de estos amigos y familiares y descubrir qué es característico de nuestra forma de cuidarlos.

### Buscar un lema para el proyecto

Cada familia tiene en este punto del ejercicio una casa llena de palabras. Se trata ahora de encontrar un lema que represente todo nuestro proyecto. Quizás se pueden subrayar las palabras más importantes o las que más se repiten. O quizás ha habido un par de expresiones con las que hay mucha identificación.

El lema debe ser corto y evocador. Estos son algunos ejemplos de lemas que distintas familias fueron creando para lo que hasta ahora había sido su proyecto de familia:

- *Puerta grande y mesa larga*
- *Hacer del mundo un hogar*
- *Corazón atento, brazos abiertos*
- *Ven y quédate a cenar*
- *Querernos y cuidarnos incondicionalmente*
- *Libres y unidos*

- *Movemos los «siempres»*
- *Amando y reparando*
- *Vivir sencillamente para amar y dejar huella*
- *Trabajar día a día por amor*
- *Juntos amando*
- *Nuestro amor todo lo hace posible*
- *El amor todo lo puede*
- *Siempre un plato de más*
- *El amor, puerta al mundo*

## 3.4. Compartir

Tras el tiempo para descubrir el proyecto de familia, ahora es buen momento para compartir. Hay un tiempo para que cada familia –en asamblea general o en pequeños grupos de cinco familias– comparta cuáles son las principales claves de su proyecto, cómo ha sido la experiencia y cuál es su lema.

Es importante que los lemas que expongan los participantes no se pierdan en el olvido. El método recomienda que se cuente con una pizarra o papel lo más amplios posible donde poder ir escribiendo lo que las personas compartan. En este caso proponemos que se vayan anotando en la pizarra u hoja de papel los lemas que vayan expresándose.

Hay una técnica que ayuda a que a los asistentes se les fijen más las ideas que se ponen en una pizarra o papel grande. Es un recurso de «pensamiento visual» y consiste en ir escribiendo las palabras de modo que formen un dibujo. Para ello, hay que aumentar los tamaños de las letras, se inclinan las palabras o se curvan. A la gente le gustan tanto las imágenes que forman que con frecuencia acaban tomando fotografías del resultado. Es sencillo y tiene un cierto impacto.

## 3.5. Evaluar

Seguimos el mismo procedimiento que en los tiempos anteriores: se contesta individualmente, se comparte con la pareja o familiares y luego se responde en una ronda rápida a la primera pregunta en voz alta.

| PREGUNTAS DE EVALUACIÓN | TERCER TIEMPO: EL PROYECTO DE FAMILIA |
|---|---|
| ¿Qué palabra resumiría todo lo que he vivido en este tiempo? | |
| ¿Cuál es el sentimiento principal que me queda? | |
| ¿Qué es lo que más me ha sorprendido o he descubierto? | |
| ¿Qué es lo que más agradezco de este tiempo? | |
| ¿Qué podía haber vivido mejor? | |
| ¿Qué aprendí yo? | |
| ¿Y qué creo que aprendimos juntos en mi pareja o familia? | |
| ¿Y qué me gustaría que hiciéramos al respecto de cara al futuro? | |

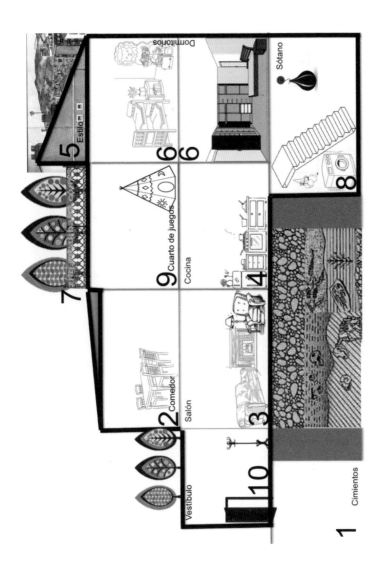

Dormitorios

Estilo

5

6
6

9 Cuarto de juegos

Cocina

2 Comedor

Salón

4

3

Vestíbulo

10

Sótano

8

1 Cimientos

# 4

# Cuarto tiempo: libertades

**Objetivos:**

(1) Tomar conciencia de que no solo no hay contradicción entre entrega y libertad, sino que se refuerzan mutuamente.

(2) Conocer en qué medida la familia está desarrollando integralmente las capacidades y deseos de cada miembro de la misma.

(3) Explorar cómo se podría ayudar a que cada uno de los miembros de la familia crezca más.

(4) Pensar cómo la familia podría abrirse y servir mejor en donde el mundo lo necesita, como vía para hacernos familias más libres y responsables.

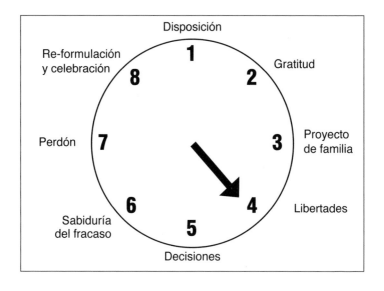

## 4.1. Inspiración: ni rigidez ni aislamiento

La familia es una experiencia de comunión y libertad. Quien no la vive en profundidad la piensa como atadura. Y ciertamente hay formas de vivir la pareja o el parentesco que son alienantes. Pero, en realidad, cuanto más te entregas a la familia, más libre te sientes. Cuanto más te unes a tus familiares, mejor percibes quién eres. Vivir desde ellos me libera de alienaciones, intereses estériles y distracciones porque me lleva al verdadero sentido de la vida, que es querer. La familia es una continua escuela que te enseña qué es lo más importante en la vida y cuál es la mejor forma de vivir. Cuanta mayor es tu fidelidad a tu pareja y tu familia, más fiel eres a ti mismo y más sabes cómo «honrar la vida».

Vamos a visionar dos cortos de animación. En el primero, vamos a ver de forma simpática cómo el autoritarismo y la falta de libertad en la familia conducen al colapso. En el segundo corto de video, vamos a ver cómo ser libres no significa vivir aislados, sino que libertad y unión se refuerzan mutuamente.

El primer video se titula *Precise Peter*[1] y es un corto de animación dirigido por Martin Schmidt en 2010. Martin Schmidt ofrece el retrato de una familia que se dispone a comerse un pescado cocinado en su barbacoa.

La sinopsis es la siguiente. La familia está dirigida por el padre, que va marcando militarmente los movimientos que deben hacer. Todos hacen lo mismo que el padre quien, con precisión –*Precise Peter*–, va ordenando los movimientos óptimos y perfectos para moverse, cocinar y servirse en la mesa. Pero no toda la familia obedece. El hijo pequeño es un ser libre que interpreta a su modo lo que hay que hacer. El padre, enojado con la espontaneidad de su hijo pequeño, comete errores. La esposa y el hijo mayor, en cambio, siguen al detalle todos los comportamientos del padre, hasta tal punto que reproducen hasta sus errores. Tan alienados están respecto al auténtico cabeza de familia que, cuando este se encuentra en dificultades, son incapaces de ayudarle porque ya solo saben repetir lo que él les manda hacer. Cuando uno no es libre, no puede ayudar ni a quien le aliena.

---

[1] M. SCHMIDT, *Precise Peter*. Producción: University of Art Kassel y Hessische Filmförderung, 2010. 5:35 minutos. http://www.herrschmidt.tv/en/precise-peter.php; http://www.youtube.com/watch?v=n76EHkPR0Wc.

El segundo corto de animación se titula *Anchored*[2] (*Anclado*) y fue dirigido por Lindsey Olivares en 2009. ¿Cuál es el argumento de esta breve historia? Un hombre está solo en su barca, alejado de todo, dedicado a su máquina de escribir. Parece querer defender su libertad aislándose de su mujer. Pero la inspiración le ha abandonado y solo escribe la frase: «Me rindo» («*I give up*»). Esas palabras que escribe vuelan un poco y caen al mar. Conforme vemos cómo las palabras «*I give up*» van descendiendo por el agua hacia el fondo, contemplamos cientos de frases que se le han caído y que repiten: «No puedo, no puedo, no puedo»... Una larga y gruesa cadena ata el propio cuerpo del escritor a un ancla. En la orilla está su mujer, embarazada. Ella también está sola, pero quiere que él salga del aislamiento y que se unan otra vez. Ella lanza una pajarita de papel con un mensaje en el que le pide que vuelva a tierra con ellos. Pero él la rechaza y quiere seguir aislado, en su mal entendida libertad. Pero ella no se rinde y lanza miles de pajaritas al mar, que rodean la barca del escritor. Él se queda asombrado y, conmovido, lanza la máquina de escribir al mar. Toma un papel y escribe: «Tengo fe en que hallaré mi camino a casa». Forma con ese papel otro pájaro de papiroflexia y lo lanza. Los demás pájaros alzan el vuelo con ese mensaje dirigiéndose a la costa y dejando esas palabras en brazos de la mujer, como si fuera una larga cuerda. Ella tira de la cuerda y él también desde el bote, llegando ambos a juntarse en la orilla. Se besan y todos los pájaros despegan en vuelo como una lluvia de alegrías. Él se siente

---

[2] L. OLIVARES, *Anchored*. Producción: Ringling College of Art and Design, 2009. 2:53 minutos. http://youtu.be/lPyjGkZqwUc.

más libre y pleno que nunca. Una buena historia sobre libertad y comunión.

## 4.2. Marco

> **INDICACIÓN METODOLÓGICA**
>
> Es bueno que los participantes tengan esta guía práctica, pero es mejor que no estén leyéndola mientras se expone el marco. La razón es que el relojero probablemente va a presentar otras ideas que pueden ayudar a contar anécdotas y a transmitir desde el corazón. Se trata de exponer las ideas, pero también de compartir desde la propia experiencia. Eso resultaría incómodo si los participantes están leyendo a la vez el texto de la guía.

La familia nos deja ver cómo individualización y comunión no son incompatibles, sino que, por el contrario, la una potencia a la otra. Entregarse no es lo mismo que alienarse: la entrega al otro es el mayor acto de libertad. No obstante, nuestra época mantiene una sospecha hacia la pertenencia y la entrega como adversarias de la libertad. Se teme que la pertenencia a una comunidad –como el matrimonio o la familia en general– recorte la individualidad, frustre los deseos y lastre las carreras personales. Si profundizáramos, podríamos comprobar que en realidad es lo contrario: una sana entrega a los otros fortalece la singularidad y libertad de cada persona. Ciertamente hubo y hay formas de institucionalizar la familia que recortan las libertades de la mujer y hacen pesar una excesiva dominación sobre los hijos. Esas formas no solo van en contra de la libre expresión personal, sino en contra de la familia: las formas autoritarias de familia impiden vivir en su plenitud la experiencia de pareja y familia. Cuanto más libres son los miembros de la familia, más honda es la unidad que crean y mejor familia son.

*Amarte es quererte libre*

La familia es un ciclo vital donde nacemos, crecemos, nos legamos la vida unos a otros. Familia es crecer. Avivar ese crecimiento y seguir descubriendo al otro en su crecimiento es una de las tareas que dan vida a una pareja y a cada miembro de la familia. En cada familia cada uno de los miembros debe trabajar por el crecimiento de los otros. Eso implica estar atento a lo que el otro necesita, pensar en qué le podría ayudar, poner todo de nosotros para que el otro haga realidad todas sus potencialidades. Amar es cuidar la libertad y el desarrollo de cada uno.

Querer al otro es quererle libre. No es compatible con pretender poseerle. Una cosa es relacionarse con el otro, otra muy distinta querer poseerle. ¿Sabemos relacionarnos sin pretender poseer a los otros? Quien quiere al otro de verdad no busca dominarle ni le considera «su propiedad». Algunas veces confundimos relacionarnos con el otro con ser posesivos con el otro o ponerlo al servicio de nuestra vanidad, placer o comodidad. Es distinto relacionarse que poseer: de hecho, son lo diametralmente opuesto. Relacionarse implica que el otro es libre, que tiene una «alteridad» que no puedes sofocar. Lo que en el otro hay de «otro distinto y singular» (alteridad) requiere ser cuidado, acogido y escuchado como cuando alguien aprende de otro, dice el filósofo Emmanuel Lévinas. Solo se puede vivir auténticamente a alguien cuando le vives libre y hasta libre de ti. Te quiero tanto que te quiero hasta libre de mí: el vínculo no se convierte en atadura ni en rutina, sino que es una continua acogida e invitación a vivir el mundo. Uno se siente en casa, pero sabe que el hecho de que el otro esté contigo es un continuo acto de libertad, de elección y creación, y uno debe celebrarlo como tal.

En la familia, *vivir cerca* no es *cercarse*. En la pareja y en la familia uno se entrega y no atrapa al otro: no es lo mismo *acoger* al otro que *apropiarse* del otro. Saber entregar y acoger nos invita a pensarnos como huéspedes y anfitriones del otro; pensar la pareja como mutua hospitalidad. Nunca llegas a conocer del todo al otro, aunque sea tu pareja, tu hijo, tu padre, tu madre o tu hermano: el misterio del otro nunca se agota, diría Lévinas, sino que en la vida vamos profundizando en el descubrimiento, la acogida de niveles más profundos y nuevos del otro. El otro siempre es un misterio inagotable que estás descubriendo asombrado a lo largo de toda la vida. Una pareja se mantiene viva y en crecimiento si cada estación que pasa es capaz de responder qué cosas nuevas ha aprendido del otro.

Vivir la pareja como una renovada hospitalidad es clave. No da transitoriedad a la relación, sino que se hace consciente de la radical libertad que promueve la mejor vida en común. La familia es la institución donde se resuelve con mayor perfección la aparente paradoja entre comunión y libertad: donde comunión y libertad conviven y se refuerzan mutuamente.

## La presión de una cultura individualista

Esta reflexión sobre la cultura es necesaria porque tiene un peso real sobre nuestra forma personal de vida: nos tienta o nos vence, pero nunca estamos totalmente inmunes a ella, por mucho que lo neguemos. A veces somos meramente como ciervos en una trampa en la que nos hemos adentrado en el bosque y que nos cierra cada vez más las posibilidades de salir hasta que nos cazan. Es bueno que la pareja sea capaz de hacer una crítica de la cultura general que afecta a la familia, porque con frecuencia se dará cuenta de que parte de sus problemas es que están entrampados en esa feria de luces y colores, de vanidad y ambición.

Las tensiones entre la vida de pareja o familia y la libertad de cada miembro son quizás el mayor problema moderno a que es sometida la familia. Y nosotros, en nuestra vida ordinaria como parejas, sentimos ese peso de la cultura. El discurso de ese conflicto ha anidado en la ideología dominante, pero a la vez también en la cultura común de la experiencia de la gente. Ese es el nudo gordiano posmoderno de la familia. Este nudo entre libertad y vinculación lía y ata nuestras formas de pensar el matrimonio y la familia. Ulrich Beck y su esposa Elizabeth Beck-Gernsheim, en su libro de 1995 *El normal caos del amor*, analizan la evolución del matrimonio a lo largo de las últimas décadas y llegan a una conclusión: estamos presos de un doble mandato contradictorio que nos hace sufrir sin remedio. Por un lado, la cultura moderna nos impulsa a un agudo individualismo, pero, por otro lado, los autores constatan que las personas aspiran a hallar un amor radical que sea para siempre. Eso sitúa a las personas ante un doble mandato: por un lado, tienen que decidir desde una «carrera» individual, pero, por otro lado, anhelan entregarse totalmente al otro. La balanza de su decisión nunca encuentra equilibrio: en un platillo pesa calcular y reclamar el propio interés y en el otro platillo se pone entregar lo propio sin medida al otro. Con razón es frecuente que la balanza se rompa una y otra vez. El sujeto está preso de un doble mandato: *ni contigo ni sin ti*. Ese nudo gordiano se convierte en uno de los principales problemas que actualmente tiene la humanidad. Y eso es así porque una relación utilitarista con padres, pareja, hijos y demás familia da forma al conjunto de relaciones sociales que se tengan.

En la versión más utilitarista de esa relación con la pareja o la familia, al individuo se le insta a que maximice su estatus social y a que ponga todo el resto en función de ello. Ese estatus se basa en una forma de comprender el éxito de la carrera profesional basada en el poder, el dinero y el prestigio. Otros indicadores de estatus como ocio (invitaciones a múltiples eventos), aspecto físico (inversión en adelgazar y muscularse) o la actividad en redes sociales (alimentando los múltiples foros) son muy exigentes. La propia dimensión familiar se convierte en parte de la carrera y el estatus: todos tienen que tener un amor de pareja intenso, una vida sexual de estilo romántico y a la vez deportivo, e hijos ideales que a su vez desarrollen con éxito su propia carrera infantil y juvenil (buenos estudiantes, deportivos, instrumentistas musicales, políglotas, viajados, con numerosos amigos y buen carácter, que amen devotamente a sus padres y en los que los padres puedan proyectarse como en un espejo y sentirse satisfechos). Pero, a la vez que la cultura clasista insta a que todos seamos calculadores y ambiciosos, manda que seamos hedonistas. Además de un utilitarismo capitalista, hay un utilitarismo narcisista, por el cual el sujeto gana prestigio si es capaz de satisfacer los deseos que se le antojen. Los «antojos» formarían también parte de la carrera y expresarían la fuerza del «yo»: parece que pareja y familia debieran adecuarse a ellos y convertirse ellos mismos en un antojo o demostración de la «voluntad de yo».

La «superficialización» de la vida conlleva que las personas pierdan capacidad para distinguir lo importante de lo vano. Al perder esa sutilidad, las cosas solo son valoradas si tienen rasgos muy marcados. Los sujetos necesitan que las cosas hagan experimentar sentimientos muy intensos. Las distintas capas de sensaciones, emociones y sentimientos no se distinguen y se crea un único plano donde el antojo es igual al anhelo. La complejidad de los encuentros de deseos contradictorios confunde, y uno es llevado de aquí para allá sin querer frustrar ningún deseo. Eso lleva a que «el drama de la vida» –con sus alegrías y problemas– tenga muy poco grosor y no seamos «personas de experiencia». Esa pérdida de profundidad dramática convierte la vida en una cómica tragedia porque el sujeto se ve conducido a un sinvivir, persiguiendo algo vano. La felicidad de la vida se simplifica en satisfacción de deseos y así el hombre se simplifica en un muñeco: las cosas de la vida se convierten en un objeto de consumo que ha de ser fácil de producir, de comprar y de gastar. Esa forma de sentir es muy funcional a un sistema de consumo que cada vez demanda mayor aceleración e inmediatez. La vida se convierte en una barra libre de deseos compulsivos o de signos para el prestigio social. La mayoría de las veces no se busca siquiera el prestigio, sino que el reflejo de la sociedad te confirme que tu vida tiene sentido: se buscan confirmaciones externas y banales de que uno tiene razones para ser feliz. Quien sigue ese consumismo, al final consume a su familia y sus relaciones hasta destruirlas. Si nos dejamos llevar por esa falsa concepción de la libertad como «barra libre» o individualismo, entonces nuestra vida carece de criterio y no somos libres sino caprichosos o ambiciosos.

Esa visión contractual de la familia, sometida a negociaciones y compensaciones, es una tendencia. El sujeto no se entrega, sino que intercambia; no confía, sino que fía; no se da, sino que invierte. Esa dinámica lleva a que la familia y pareja estén en función de la agenda individual. Así, el matrimonio o la pareja sería un contrato con otro para satisfacer recíprocamente las agendas. Ese individualismo es consciente de que la familia tiene sus inconvenientes, pero serán aguantados tanto cuanto compensen el cumplimiento de la agenda. Aunque algunos piensan que nunca fue tan libre el individuo como en estas condiciones actuales de individualismo extremo, en realidad la presión social para establecer esa agenda es aplastante. Hay una serie de expectativas estandarizadas que la cultura impone para que el sujeto se considere alguien satisfecho y de éxito.

*Darnos como familia a otros nos ayuda a amarnos y crecer*

La pedagogía de Ignacio de Loyola pivota sobre el crecimiento en libertad por amor. El amor auténtico genera libertad para actuar y decidir. Esta sería la primera piedra que deberíamos poner en esta reflexión: lo que hace crecer en libertad no son las reglas sino el amar, la confianza, el deseo de trascender los obstáculos e ir más allá de donde solemos quedarnos. Cuanto más honda es la experiencia de amor sentida por la familia, más libre se siente.

Quizás a veces se produce un efecto que no es del todo positivo: hay un modo de ser familia que lleva a encerrarse en sí misma, a dedicarse a sí misma y estar autocentrada. En ocasiones se escucha la idea de que no se quiere saber de ningún otro asunto que no sea la propia familia. «A mí lo único que me preocupa es que les vaya bien a mis hijos», no es difícil escuchar.

La familia puede esclavizarse si se entiende desde una perspectiva egoísta. El egoísmo familiar pone el alcance del máximo beneficio para la familia por encima de todo, o piensa que la familia no tiene ninguna responsabilidad ni tarea en la sociedad. Algo que constituye un verdadero problema es que la familia puede ser una coartada que lo justifique casi todo. A veces «por los hijos» o «para darle todo lo que pueda» a tu pareja se toman decisiones injustas o incluso deshonestas.

Hay, por tanto, una segunda falsa oposición respecto a la libertad y la familia. Parece que cuanto más comprometida está la familia en la transformación social, menos libertad tiene para dedicarse «a lo suyo». Sin embargo, la experiencia nos dice dos cosas:

- La primera es que, respecto al compromiso ciudadano, no hay un *dentro* y un *fuera* en la familia: el compromiso ciudadano comienza primero en los comportamientos más cotidianos y domésticos (el uso de los recursos naturales, el gasto, las lecturas y otros contenidos multimedia, el seguimiento de las noticias, la honestidad fiscal y laboral, la igualdad, etc.). La verdadera fábrica diaria del cambio social es el hogar. Así pues, el hogar es el interior de los movimientos sociales y desde la vida íntima de la familia se pueden estar haciendo prácticas que poco a poco transforman el mundo.

- En segundo lugar, la libertad de la familia para participar junto con muchas otras familias en causas –o en celebraciones lúdicas que enriquecen el capital social y cultural de una sociedad– fortalece la libertad de las relaciones entre los miembros de una familia. Lo hace porque ayuda a que cada uno tenga y desarrolle un papel, desafía al desarrollo de cada uno, nos hace a todos aprendices y ayuda a deliberar las cosas desde criterios no «familiocéntricos».

La libertad para movilizarse y participar socialmente –lo que podemos llamar la libertad social de las familias– contribuye a la libertad interior de la familia.

Cuando la familia no se tiene a sí misma como única referencia, sino que es consciente de que tiene capacidades para servir a otros que no son sus familiares y al bien común, las relaciones dentro de la familia mejoran. Que la familia se descentre, que no esté siempre hablando de las relaciones entre los parientes, que cultive intereses que no sean autorreferenciales y que abra puertas y ventanas de la casa a otros, son alguna de las medidas más eficaces  que puede tomar una familia para mejorar su clima interno. Colaborar juntos para servir a otros y mejorar algo el mundo tiene efectos extraordinariamente positivos en la familia: fortalece los lazos, crea experiencias de crecimiento juntos, multiplica las relaciones de la familia, relativiza muchas veces los problemas internos, hace crecer en solidaridad, en compasión, en servicialidad, en amor. En la imagen previa, unas parejas realizan el ejercicio de este tiempo.

## 4.3. Ejercicio: la tarjeta-regalo (*gift-card*)

Quizás muchas veces sea un problema de poner el foco en el otro, de estar atentos. Parte de la cultura nos inclina a estar autocentrados o distraídos y a no prestar atención a lo importante. Puede que necesitemos reducir el ruido externo y simplificar nuestra vida para poder ser atentos y creativos en el apoyo y servicio al otro.

Necesitamos escuchar y observar, conocer con detalle lo que siente, hace y sueña el otro. No hablamos de sueños exóticos o utópicos, sino de aquellos anhelos que tiene para las cuestiones de la vida cotidiana. Quizás querría que pudiéramos cenar todos juntos o salir más los fines de semana, realizar una experiencia juntos o compartir tranquilamente aquello que está leyendo.

Proponemos un ejercicio de foco sobre nuestra contribución al desarrollo personal del otro. El supuesto es que puedes tomar una tarjeta regalo –que vamos a llamar FOCUS– para regalársela a tu pareja. Nuestro catálogo de tarjetas regalo es especial. Tienes que pensar qué experiencia, curso, formación, encuentro, visita o actividad crees tú que le vendría mejor a tu pareja para su crecimiento personal. No buscamos algo bueno, sino lo que más le ayudaría a crecer. Imagina una tarjeta como la de la imagen que acompaña este párrafo.

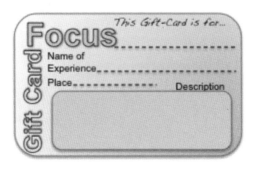

Para eso puedes pensar las siguientes cuestiones:

- Nombre de la experiencia, visita, encuentro, curso, etc.
- Tiempo (número de horas o días)
- Lugar
- Objetivos que se quieren lograr
- Descripción
- Medios necesarios
- Observaciones

El ejercicio consiste en que cada pareja tenga dos tarjetas-regalo simuladas como la que ofrecemos en la imagen que acompaña este texto. Tras pensar el tipo de experiencia que quiere regalar a su pareja, cada uno confeccionará físicamente la tarjeta-regalo. Se puede repartir el modelo de la imagen, diseñar uno mejor o proponer que cada uno diseñe su tarjeta-regalo personalizada.

En la cara principal de la tarjeta-regalo que va a dar, cada uno personalmente escribirá para quién es (nombre usual por el que llama a su pareja), el nombre de la experiencia que regala, el lugar o la organización en la que se va a realizar y una breve descripción. Por el reverso uno puede seguir describiendo la experiencia, señalar el objetivo que pretende y poner, si es pertinente, observaciones.

A continuación, tras haber pensado y diseñado la tarjeta-regalo que va a dar al otro, que cada uno dedique también personalmente un tiempo a pensar qué tipo de regalo esperaría del otro, cree que necesita o piensa que el otro le va a regalar. Quizás tú pienses que el otro no es consciente de lo que tú realmente necesitas. A lo mejor sientes que te va a regalar algo secundario o superficial para salir del paso, porque no se atreve a decirte lo que realmente necesitas.

- ¿Qué tipo de tarjeta regalo piensas que te va a regalar?
- ¿Qué crees que realmente necesitarías tú, o te vendría muy bien para tu crecimiento personal?

Finalmente, llega el momento de compartir. Cada uno le presenta con detalle su tarjeta al otro y se la regala. A continuación, después de haberse entregado ambas tarjetas, cada uno cuenta al otro qué había imaginado que le iban a regalar y cuál es la tarjeta-regalo que se había planteado que necesitaba. Dialogad sobre las diferencias que hay entre el tipo de tarjeta que necesitaba, la que esperaba y la que ha recibido. Responde a estas preguntas:

- ¿Cuál crees que es el mayor valor de la tarjeta que realmente te ha regalado? ¿Te ha sorprendido?
- ¿Qué grado de diferencia hay entre la tarjeta regalo esperada y la recibida realmente? ¿A qué creéis ambos que se deben esas diferencias?
- ¿Qué diferencia había entre la tarjeta regalo que necesitaba cada uno y la que esperaba que el otro le diera? Si no era la misma, ¿por qué crees que tu pareja no te iba a dar la tarjeta que realmente necesitabas?

Este ejercicio podría aplicarse al conjunto de la familia. Puede hacerse de forma amplia, de modo que cada uno piense regalos para cada uno de los otros. De forma más abreviada, se puede asignar a cada familiar otro miembro del grupo. Otra modalidad es que una parte de la familia piense en grupo qué regalar a la otra (por ejemplo, entre hijos y padres).

## 4.4. Compartir

Las parejas o familias salen a compartir con el grupo de familias. Primero uno dice qué esperaba que le iban a regalar y qué es lo que en realidad le han regalado. El otro cuenta por qué le ha hecho ese regalo. Luego lo mismo, pero a la inversa.

## 4.5. Evaluación

| PREGUNTAS DE EVALUACIÓN | CUARTO TIEMPO: LIBERTADES |
|---|---|
| ¿Qué palabra resumiría todo lo que he vivido en este tiempo? | |
| ¿Cuál es el sentimiento principal que me queda? | |
| ¿Qué es lo que más me ha sorprendido o he descubierto? | |
| ¿Qué es lo que más agradezco de este tiempo? | |
| ¿Qué podía haber vivido mejor? | |
| ¿Qué aprendí yo? | |
| ¿Y qué creo que aprendimos juntos en mi pareja o familia? | |
| ¿Y qué me gustaría que hiciéramos al respecto de cara al futuro? | |

# 5

# Quinto tiempo:
# tomar decisiones

**Objetivos:**

(1) Tomar conciencia de cuáles son las formas de decidir que suelen adoptarse en cada familia.

(2) Interiorizar mejores principios para discernir, deliberar y decidir juntos.

(3) Aprender y practicar formas prácticas de valorar y elegir que den más capacidad de ser libre a la familia.

## 5.1. Inspiración: *The Family Man*

Estamos en el centro del Reloj de la Familia y quizás sea el tiempo en el que más nos jugamos. En este quinto tiempo vamos a ver una película que gira toda ella sobre una elección hecha en un momento de la historia de una pareja y que marcó el resto de sus vidas. Aho-

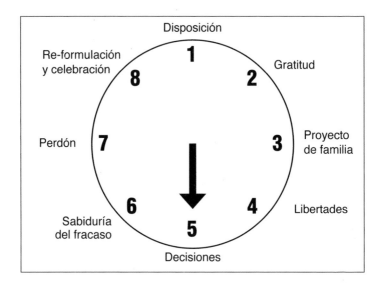

Disposición
Re-formulación y celebración
1
8
2
Gratitud
Perdón
7
3
Proyecto de familia
6
4
Libertades
Sabiduría del fracaso
5
Decisiones

ra se encuentran ante una segunda oportunidad para elegir. ¿Qué harán? Es la famosa película *The Family Man*. Dirigida por Brett Ratner en 2000, esta comedia romántica fue protagonizada por los actores Nicolas Cage y Téa Leoni. Es un film muy conocido, reseñado en Wikipedia, y es fácil localizar en internet tanto la película completa como los principales fragmentos. Aconsejamos contar primero la sinopsis a los participantes, luego visionar el tráiler y a continuación la escena final de la película, ambientada en un aeropuerto. La sinopsis es la que sigue a continuación.

Jack Campbell (interpretado por Nicolas Cage) es un ganador en el mundo financiero de Nueva York. Vive lujosamente, conduce un Ferrari, vive solo en un exclusivo apartamento al que lleva a sucesivas amantes y sus negocios no cesan de crecer. Pero todo eso lo consiguió porque cuando era joven tomó una decisión: romper su relación con su novia de juventud, Kate Reynolds (interpretada por Téa Leoni), para irse a aprovechar una oportunidad en otra ciudad. Para alcanzar el poder tuvo que romper con el amor. Pero ¿qué más puede querer un hombre sino tener todo el éxito posible?

Es Navidad, y mediante un prodigio un ángel hace que Campbell vaya al mundo en el que viviría si no hubiera tomado aquella decisión de separarse. Su vida hubiera sido bien distinta: no es un alto ejecutivo de Nueva York, sino el encargado de una tienda de neumáticos en Nueva Jersey. No vive en un lujoso apartamento, sino en una casa de clase media. No vive solo y dedicado a una vida de *delicatessen*, sino casado, con hijos, suegros y amigos. Campbell siente un hondo rechazo hacia esa vida popular y todo lo percibe como un fracaso. ¿Por elegir estar con aquella mujer ha sacrificado todo lo que podía haber llegado a ser? Poco a poco, en la película irá descubriendo que, a veces, elegir el amor conlleva sacrificios, pero que es lo más sublime que uno puede alcanzar. Poco a poco, se da cuenta de que aquella mujer es lo mejor de su vida y de que todo es bueno si lo viven juntos.

Pero el ángel de la Navidad llega de nuevo y le devuelve al mundo de prestigio, dinero y poder que había elegido. Entonces se da cuenta del vacío en el que vive: lo tiene todo, pero carece de amor y familia, que son lo que más vale. Entonces se pregunta qué habrá sido de su antigua novia, Kate Reynolds. La busca y encuentra que también ella ha triunfado profesionalmente. Pero su vida está tan vacía como la de él. Él quiere recuperar esa relación, pero ella está a punto de tomar una decisión como la que él tomó hace tiempo: irse a otra ciudad para aprovechar una oportunidad de mejora profesional. Él le ruega que se quede y que se den de nuevo una oportunidad años después. Pero ella no está dispuesta. ¿Qué decidirá en esta segunda elección?

Tras leer esta sinopsis, los participantes pueden visionar el tráiler de la película, donde se muestra en escenas cortas el argumento general. A continuación, se visiona el fragmento final de la película, cuando Jack Campbell va al aeropuerto. En total son unos 7 minutos de visionado.

### 5.2. Marco, primera parte: de la pereza al deseo

## INDICACIÓN METODOLÓGICA

Este tiempo es el que más contenido tiene. Por ello, vamos a dividir el marco en dos partes. Si el grupo se encuentra con preocupaciones familiares muy primarias (pasividad, abandono, pereza o falta de atención y cuidado), es conveniente ceñirse solo a la primera parte del marco. En este caso, el tiempo dedicado al marco debe ser más prolongado. Si se decide dar los dos marcos, sería bueno doblar el tiempo de la sesión, o hacer este tiempo en dos partes.

Una pareja toma decisiones continuamente, de modo que acaba creando una forma propia de elegir. La vida en común y todo lo que comparten les hace tener que resolver una infinidad de asuntos cotidianos y afrontar unas cuantas grandes decisiones vitales.

Hay parejas que suelen decidir con armonía y hay otras que nunca acaban de hallar su modo de decidir. Así, aunque se sienten unidos, arrastran formas de decidir que son tormentosas, discuten agriamente, tratan de prevalecer uno sobre el otro. A veces, esa misma forma tormentosa de decidir acaba constituyendo su costumbre, pero otras veces termina convirtiendo la pareja en una mala experiencia para ellos y para los demás. Lo más probable es encontrarse con parejas que tienen desajustes menores en sus procesos de decisión, aunque eso no significa que no sientan malestar o que esos desajustes no puedan agravarse hasta constituir un problema mayor en determinadas circunstancias. En tiempos de paz casi cualquier método de decisión aguanta, pero cuando es puesto a prueba es cuando se ve su verdadera calidad.

Todo el modelo del Reloj de la Familia tiene su raíz en la tradición ignaciana. Resaltemos algunos aspectos de la misma que hemos vivido y que quizás pueden ayudar a todos en esta hora de las decisiones. Todos proceden de esa gran experiencia que son los *Ejercicios Espirituales* y que tanto ayudan en el arte de vivir.

## La sabiduría de los tiempos

Cuando uno se familiariza con la espiritualidad ignaciana o jesuítica, se encuentra con que se repite mucho la palabra *tiempos*. Ignacio nos propone que nos demos tiempo, que tomemos tiempo para cada cosa. No nos dejemos llevar por la prisa, el atolondramiento o falsas urgencias, incluso a veces impulsadas por la mejor voluntad. Como en un partido de fútbol, es bueno parar la pelota y que el equipo –la pareja o la familia– piense cómo está el campo en que se juega y qué puede hacer. Quizás el principal mensaje del Reloj de la Familia es que la familia tiene que darse tiempo y que, si lo hace, está a tiempo de alcanzar la felicidad.

Ignacio de Loyola nos propone que decidamos por tiempos. Hay que dar un tiempo para examinar cada cosa y valorar qué hay detrás de ella, qué quiere decir ese signo. Para poder leer un libro necesitamos tiempo, y también para leer un signo de nuestra realidad. Seamos pacientes, no actuemos atropelladamente. En gran parte, la vida con el otro es una cuestión de medir los tiempos.

La sabiduría bíblica dice que hay un momento para cada cosa, y el buen gobierno de la pareja y de la familia nos exige permanentemente buscar el momento oportuno. Ignacio nos recomienda no precipitar las promesas[1], sino darnos tiempo para madurar las cosas, no abandonarnos a los impulsos y no dejarnos llevar por entusiasmos que no sean pasos sólidos. Eso previene contra falsas soluciones: en ocasiones, ante algunos fallos, enseguida hay una promesa de no volver a hacerlo y parece que todo está arreglado. No es así: quizás haber apresurado esa promesa nos impide examinar más a fondo las raíces del problema, operar a fondo y re-cimentar sobre mejores bases.

A veces, solo somos nosotros mismos los que estamos presionándonos para tomar decisiones o actuar de tal o cual modo. Nadie nos presiona y la mayoría de las veces no necesitamos meternos tanta prisa. Para po-

---

[1] *Ejercicios Espirituales*, anotación 14.

der decidir bien es imprescindible no vivir con prisa[2] ni adelantar las decisiones que todavía no están a punto. A veces, somos apresurados porque queremos mostrarnos seguros de nosotros mismos y aparentar que lo tenemos todo muy claro, pero nadie nos está obligando a parecerlo. Ser muy rápido en las respuestas no es señal de ser alguien seguro de sí mismo, sino más bien de lo contrario: la inseguridad induce tanto a la parálisis como a pisar excesivamente el acelerador de las cosas. No se trata de ser lentos ni rápidos, sino de dar a las cosas su tiempo justo.

Es conveniente que la familia y la pareja dediquen tiempo para hablar las cosas con calma. La angustia y la excesiva presión nos hacen equivocarnos. Es imprescindible buscar lugares de intimidad y de paz, incluso en medio de las batallas de la vida. En momentos de problemas graves hay que intensificar la comunicación sincera y la intimidad cuidadosa. Quizás es bueno salir a pasear juntos o incluso darnos tiempo para un pequeño retiro de un día solos como pareja, como familia o con alguno de los familiares implicados.

Darnos tiempo y dar tiempo a cada cosa es un seguro de vida para la familia y la pareja. Puede que, cuando todo va bien y fluye, tengamos la sensación que podríamos ahorrarnos esos tiempos para contemplar las cosas despacio, pero, cuando arrecian los malos tiempos, ese aprendizaje de la paz al decidir y ese entrenamiento de retiro y comunicación van a ser cruciales para poder superar las tormentas y los desiertos.

---

[2]  *Ibid.*, primera semana, adición 4.

## Hablar con el corazón en la mano

La experiencia de Ignacio es que la vida se construye en diálogo. Todos los Ejercicios pivotan sobre el coloquio, el diálogo, la conversación, hablar cara a cara. Más que usar palabras, es la propia actitud vital la que se pone radicalmente en disposición de dialogar.

La mayor parte de los problemas en una pareja se originan en la falta de comunicación profunda, a veces incluso en la cotidiana y más práctica. Hay silencios expresivos que dicen mucho y hay silencios mudos que ocultan mucho. Los silencios mudos se acumulan. Las cosas no se hablan, y pasa una y otra y de repente te das cuenta de que te da vergüenza hablar a tu pareja de lo que te ocurre. O quizás habría que explicar tanto que no sabes por dónde comenzar.

En ocasiones, lo que más cuesta no es conversar, sino estar preparados para ello. Se quiere prevalecer, se habla para tratar de ser apreciado o admirado, se habla atado por el pasado o sin esperanza en el futuro. Pero Ignacio nos invita a una conversación con el corazón en la mano. Ignacio nos invita a un *diálogo de misericordia*[3], un diálogo desde un corazón que acoge.

Quizás debemos primero aprender a conversar sin palabras. El diálogo no es solo aquello que decimos, sino que nuestros propios gestos hablan por nosotros. Hay situaciones en la vida de pareja en las que es difícil expresarse con palabras y entonces el simple hecho de ponerse junto al otro, tomarle la mano o darle un beso puede ser un gran mensaje que atraviese el silencio.

---

[3] *Ejercicios Espirituales*, primera semana, ejercicio 2.

En la vida de pareja, la espiritualidad ignaciana nos invita a conversar: entre nosotros, juntos con otros y juntos con Dios. Nos invita a que seamos conscientes de que toda nuestra vida es conversación, diálogo. Nuestra forma de estar en el hogar dice mucho. Si uno está encerrado en sí mismo y se va a su dormitorio solo, está diciendo algo. Si uno se sienta al lado del otro en el salón o en la mesa y, aunque no diga nada, se pone a leer tranquilo, abierto al otro, pacíficamente dispuesto junto al otro, está también diciendo mucho.

*Ejercicio: tomarnos el pulso*

## INDICACIÓN METODOLÓGICA

Este tiempo no está organizado como los anteriores: se van a ir intercalando breves ejercicios en medio del marco. Las familias y parejas los hacen en la sala donde están sentados, sin necesidad de moverse a otros lugares.

¿Somos capaces de escuchar al otro? ¿Sabemos percibir sus sentimientos más hondos? ¿Sabemos expresarnos sin hablar? Hagamos un pequeño ejercicio simbólico para tomar conciencia.

Cada persona debe buscar en la otra el pulso en su muñeca. Quizás al comienzo sea difícil porque hay ruido alrededor o estamos distraídos por el entorno. Se hace más y más silencio. Nos fijamos en el otro. Nos miramos a los ojos y no retiramos la vista mientras bus-

camos el pulso. Al comienzo puede que solo perciba mi propio pulso, pero poco a poco se mezclará con el del otro. Buscamos y hallamos el pulso del otro. ¿A qué ritmo va? ¿Qué fuerza tiene? ¿Lo perdemos a veces? ¿Lo volvemos a encontrar? No dejemos de mirarnos a los ojos. Sin decir nada. Tomemos conciencia ahora de que ambos pulsos se sienten a la vez, el del otro y el mío. ¿Coinciden en el ritmo? ¿Están sincronizados? Forman un único movimiento, aunque perfectamente se siente la individualidad de cada uno.

Tomemos ahora conciencia de que el pulso que percibimos en la muñeca viene del corazón. Sin necesidad de contestar, preguntémonos si normalmente sentimos con tanta nitidez lo que el otro siente. ¿Dialogamos de corazón a corazón? ¿O estamos a veces demasiado distraídos y hay demasiado ruido como para escuchar las voces bajas del otro? Terminamos el ejercicio y seguimos con el contenido del primer marco de este quinto tiempo dedicado a las decisiones. En la imagen anterior, una pareja tras hacer la experiencia del pulso.

*Preparar mejor las cosas*

La mayoría de las veces el origen de los problemas está en los «previos»: en las actitudes con que comenzamos una conversación, en cómo nos hemos preparado, en lo que esperamos del otro… En los Ejercicios que Ignacio de Loyola nos propone hacer hay muchos «preámbulos» o preparativos. Ignacio cuida mucho los momentos, crea unas buenas condiciones, pone atención a los detalles para que todo salga bien. Quizás la prisa con que nos hace girar la vida nos impide preparar las cosas, y ahí puede que resida gran parte del problema.

Improvisamos, y muchas veces al terminar algo pasamos a la siguiente actividad. O quizás nos puede, a veces, la desidia o la pereza; no les damos a las cosas la importancia que tienen o no mostramos interés. Sin embargo, tenemos también la experiencia de que, cuando las cosas se preparan, ponemos atención a cuidar los detalles y damos lo mejor de nosotros, es mucho más probable que las cosas discurran bien. Muchos problemas en la vida se solucionarían si dedicásemos tiempo a preparar las cosas. Incluso aquello que parece lo más fácil del mundo sucede de manera muy distinta cuando lo preparamos bien. Cuando hacemos las cosas atropelladamente, no las cuidamos y nos confiamos a nuestras únicas fuerzas, tendemos a no apreciarlas suficientemente. Cuando sentimos todo el trabajo que tienen detrás las cosas, las valoramos más.

«Andarse con muchos preámbulos» significa *pensar las cosas antes de hacerlas*, cuidar el momento, poner cariño en los preparativos, *ir en buen plan*. En sus Ejercicios Espirituales, Ignacio nos anima a que pongamos los cinco sentidos en lo que hacemos y a preparar con amor aquello que vamos a hacer[4]. Cuando vamos a decidir algo importante con nuestra pareja o va a suceder algo significativo, es bueno que, uno a uno, vayamos poniendo la atención en prepararnos:

- *sacar todo a la vista* para no engañarnos,
- *mirar por el otro*,
- *tener olfato* para saber por dónde pueden venir los problemas,
- *actuar con tacto*,
- preparar *con gusto*
- y *afinar el oído*.

*Poner los cinco sentidos* significa *poner el alma* en aquello que vamos a hacer, prepararlo *con todo el corazón*. Por otra parte, preparar las cosas suele ser un trabajo oculto y gratuito, en donde las cosas se hacen por amor y respeto. Ese trabajo por el otro, sin que sea conocido, es un ejercicio que nos enseña a entregarnos gratis y sin medida al otro.

### Familias activas

La mayor parte de los problemas matrimoniales proceden del descuido y la pasividad. Vivimos tan distraí-

---

[4]   En la segunda semana, la oración propuesta para repetir los ejercicios 2 y 3 propone aplicar los cinco sentidos con detalle en la oración.

dos y acomodados que, a veces, hasta el amor pierde nuestra atención. No pocas parejas llegan a situaciones incómodas porque se han dejado llevar. Serían capaces de remontar y superar su crisis, pero eso exige levantarse de donde están y ponerse en acción.

Una vida activa es una de las mejores vacunas contra las crisis de pareja y familia. Una vida activa atrae los focos de nuestra atención, genera unión, nos pone en disposición, nos entrena en continuas decisiones, superamos permanentemente obstáculos y nos hace previsores. Por el contrario, una vida pasiva reconcentra a cada uno en sus cosas, nos ensimisma, nos hace perezosos, nos pone muy cuesta arriba cualquier problema, hace que nos lleve la corriente y nos convierte en dependientes.

- La vida activa se practica en el hogar y fuera, en lo ordinario y en eventos extraordinarios, en el trabajo y en el ocio.
- Una familia activa suele ser igualitaria o compartir los tiempos de trabajo haciendo distintos servicios.
- Las familias activas cultivan su interior: leen, ven películas, escuchan música, son sensibles al arte, aprecian la naturaleza, hacen ejercicio, escuchan a otros, están pendientes de la prensa, rezan, etc.
- Las familias activas suelen ser muy celebrativas: organizan celebraciones que intensifican y cuidan la experiencia de los momentos importantes de la vida de cada uno, de la familia o de la comunidad.
- A las familias activas les encanta estar continuamente aprendiendo cosas.

Este carácter activo es lo primero que llama la atención en los Ejercicios Espirituales: son ejercicios. No llaman al activismo, sino a movilizar todo nuestro interior y nuestros ánimos. Llaman a experimentar, a intentar, a desear, a buscar inspiración, a seguir, a levantarse y caminar. Para Ignacio de Loyola, un ejercicio espiritual es todo modo de intensificar y pacificar el espíritu con que vivimos. Un «ejercicio espiritual» incluye muchos tipos de actividades: examinar, meditar, contemplar, preparar el espíritu... Vivir en el espíritu de los Ejercicios implica para una familia vivir *echándole ganas*, con buen ánimo y *poniendo mucho amor en todas las cosas*. ¡Esto es algo muy importante que podemos aprender como pareja y familia!

Una familia activa sabe encontrar el gusto a cada cosa de la vida. La familia activa trata de vivir en las tierras altas de la vida incluso en aquello más repetitivo y pasivo. Vivir con gusto (o con discernimiento) todo en la vida es la clave de la espiritualidad ignaciana.

## Superar las perezas

Ignacio nos avisa que tengamos cuidado con el desánimo y la pereza, porque a veces no son signo de placer y gusto por vivir, sino de todo lo contrario. Cuando nos dejamos llevar y vivimos con indolencia o descuido el hogar y la pareja, todo se hace un mundo y resulta cuesta arriba. En quien se instala en la pereza, la más mínima actividad encuentra dificultades. Al comienzo son los detalles (hacer tal o cual cosa, salir juntos, participar en actividades...), luego le da pereza hablar de tal o cual cosa, luego el mismo hecho de hablar de las cosas y finalmente los más mínimos cuidados para poder convivir en familia. Aunque la pereza es una falta muy básica, se extiende con mucha mayor difusión de la que nos creemos. Hay perezas muy sofisticadas.

Ya Ignacio, al comienzo de los Ejercicios, dice que la primera regla que debemos tener en cuenta es no dejarse llevar por la pereza, porque el alma perezosa nos hace esclavos y nos arrastra[5]. La pereza se disfraza de placer, derechos y «buen vivir» y desactiva poco a poco las energías que nos mueven. Otras veces no apaga la energía, sino que la gasta en cosas estériles: vivir encadenado a los propios enfados y no ponerse límites es una forma de pereza. Hay parejas que viven con abandono y finalmente se abandonan uno al otro.

Dichas parejas tienen que buscar en su interior, porque, aunque sientan gran placidez en su pereza o placer en su agresividad, hay algo que les *pincha y remuerde la conciencia* (regla 1): *tendrían que...* Lo saben, pero muchas veces es tanto el peso de la pereza que no pueden levantarse de su sillón. La pereza te hace vivir empantanado en los sentidos más básicos, sin trascender lo inmediato y el placer más superficial. La pareja *se abaja y se acorta* en su vivir. Eso les hace sufrir mucho más que los pequeños esfuerzos, que cuestan lo suyo, pero nos hacen avanzar.

Es crucial que la pareja sea consciente de ese malestar o pinchazo que siente internamente. Si la pareja que sufre no se duele, les va a ser imposible mejorar su situación por ellos mismos. Para mejorar algo, primero tienes que tomar conciencia de que no te gus-

---

[5] *Ejercicios Espirituales*, regla de discernimiento 1: «hallándose el alma perezosa...».

ta como está. La pereza lo quiere tomar todo: incluso nos hace perezosos para dolernos. La pereza intelectual hace buscar a la pareja mil razones para seguir en la indolencia: echar la culpa a otros, creerse incapaz, la baja autoestima, los reproches mutuos, la desesperanza o impotencia... Todos son signos de otra cosa: que tienes que moverte.

La recomendación de Ignacio es la contraria a la pereza. Cuando te has vuelto *esclavo de ella y te arrastra* (regla 1), entonces hay que actuar activamente contra ella (regla 6). Ignacio aconseja «hacer contra» a tales dificultades, levantarse pese al cansancio o la pereza y echarle ánimos. Hacernos una familia y una pareja activas.

- Actuar activamente contra la desolación nos pide a la pareja hacer un especial esfuerzo por estar activos, cultivar las amistades que animan.
- Hay que evitar aquello que es psicológicamente tóxico, vivir experiencias inspiradoras, leer y ver historias que nos hagan anhelar lo mejor y lo mayor.
- Sobre todo, no debemos retroceder ni dejarnos llevar por la pereza, la impotencia o el ensimismamiento sino, por el contrario, buscar más la comunicación, tomar decisiones explícitas y expresadas. Hay que evitar las decisiones implícitas o las no decisiones que toma implícitamente el propio discurrir de las cosas.
- Necesitamos quizás buscar alguna incomodidad que nos saque de la vida de plasma y ensimismamiento, de la pereza y coma psicológico: por ejemplo, hacer un especial esfuerzo por levan-

tarnos temprano los fines de semana para hacer actividades juntos que sean enriquecedoras y nos abran a nuevas perspectivas, servir juntos en alguna tarea comunitaria, salir a la calle y pasear juntos para que la sangre y el espíritu circulen, etc.

• Quizás ayude hacerse un plan de vida, ponerlo en la puerta del frigorífico y tratar de poner todos los esfuerzos para cumplirlo. Comprometernos con otros para salir o hacer cosas nos va a ayudar a encontrar fuerzas que a lo mejor no hallamos del todo en nosotros mismos.

• A veces en la familia se dan demasiadas cosas «por supuesto» y esos «presupuestos» son una rueda de hámster que no nos deja avanzar: necesitamos proponernos hojas de ruta, caminos formados aunque sea por dos o tres pasitos que podamos avanzar juntos.

Las buenas intenciones son imprescindibles, pero no bastan: necesitamos poner propósitos prácticos que nos ayuden a subir, peldaño a peldaño, las escaleras capaces de hacernos superar los muros.

## Confiar en el poder del amor

Quienes se esfuerzan buscando el bien, a veces se desaniman[6]. Quizás sea el orgullo el que nos tiente. En la senda de mejorar, puede que sintamos que uno no tendría por qué cambiar o que nadie tiene derecho a decirte nada. Puede que la pareja sienta la tentación de

---

6  *Ejercicios Espirituales*, regla de discernimiento 2.

volver a encerrarse y pensar que la familia lo justifica todo y que nadie va a reprocharle a uno que se dedique solo a la familia y en el modo que le venga en gana. Ignacio nos anima a persistir y usa la que quizás es su frase más conocida: «En tiempo de desolación nunca hacer mudanza»[7]. No es una llamada al heroísmo, sino a tener esperanza en que podemos cambiar. Hay que confiar en el bien, que siempre es más profundo que el mal y finalmente acaba superándolo, aunque pareciera que había un gran poder en contra. Nada violento puede durar. Todo mal está destinado a derrumbarse.

Cuando no nos rendimos en nuestros esfuerzos por mejorar, estamos poniendo fe en el amor. Es el momento de tener fe en nuestro amor, en el otro, en nosotros. Persistir es recordar lo mejor, ser fiel a los buenos tiempos y a los momentos en que sentíamos que amábamos plenamente. Quizás en las actuales circunstancias no lo sentimos con esa intensidad. Pero busquemos en nuestro interior y en nuestra memoria, porque esa experiencia permanece en el fondo como uno de los mayores tesoros de nuestra vida. Ser constante y no abandonar el esfuerzo tiene mucho que ver con la fidelidad, una experiencia que las parejas conocen muy bien.

Ignacio de Loyola también experimentó en numerosas ocasiones que cuando persistimos en la buena dirección, las tentaciones se achican. Lo malo se achica ante la fortaleza[8]. Él usa la metáfora del castillo, que podemos aplicar a la familia o la pareja. La pareja es un castillo: si se le echa valor, afloja aquello que os amena-

---

[7] *Ibid.*, regla de discernimiento 5.
[8] *Ibid.*, anotación 12.

za. Para conservar la fortaleza, da una recomendación muy útil. Esta consiste en que, pese a los desánimos, no acortemos los tiempos que dedicamos a la oración, a hablar, a pasear, a estar juntos: no dejemos de salir juntos y hacer actividades de familia. Si sentimos amenazas, reforcemos el tiempo de calidad que comparte la familia en sus propias actividades, con otros o sirviendo a la comunidad. Aunque se sienta la tentación de pasar, de dejar estar las cosas o de irse cada uno por su lado, tomad la precaución de dedicar no solo el mismo tiempo que os propusisteis, sino incluso algo más. Cuando todo tienda a distanciarte, únete aún más al otro. Es el momento de buscar juntos ánimos y fuerzas, frecuentar amistades que nos motiven, hacer experiencias y leer cosas que sean inspiradoras.

Las cosas se toman su tiempo, no podemos cambiar de un momento a otro, sino que, cuando algo se ha contaminado, hay que esperar a que los tóxicos se filtren poco a poco. Lo físico y lo psicológico tienen su secuencia, necesitan su tiempo. Poco a poco iremos habitando de nuevo los espacios donde somos más nosotros mismos.

Podríamos entender la vida de familia como un pentagrama en el que hay silencios, esperas, notas blancas y negras, tiempos largos y otros muy intensos en los que ocurren muchas cosas, movimientos agitados y otros más calmados, repeticiones y novedades… Puede haber desafinación, y afinar requiere tiempo para retomar la melodía. Debemos ser pacientes con nosotros mismos y confiar en que todo tiene su tiempo.

Así pues, el proceso no debe ser invasivo: debe respetar los ritmos, no forzar nada, reconocer a cada cual en el punto del camino en que se encuentre. Debe retirarse cualquier asomo de poder que fuerce a la gente. Este es un proceso de no-poder: no de poder sino de ser. No es un cambio a base de poder, sino de entrega. Lo más importante es que las personas no rompan, sino que, por el contrario, se animen y avancen hacia algo mejor por un camino transitable, aunque sea estrecho y cuesta arriba. Siempre es mejor una decisión posible que una intención inviable. La llamada no es a ser lo que no somos sino a ser radicalmente reales.

Eso nos inspira para comprender qué es lo que tiene que pasar a la hora de las decisiones en las parejas y familias: facilitar un encuentro y conocimiento lo más profundo posible entre las personas –pese a todo lo que creemos que nos conocemos y a todas las ideas preconcebidas– y entre ellos y la vida buena de Jesús.

*Vivir con ganas*

A veces en la vida de pareja los pies se nos enredan en las *cosas bajas*[9] del camino, la mirada se baja y los pasos se *acortan*, las cuestas se nos hacen demasiado largas, nos *distraemos* y cada uno comienza a ir por su lado. A veces llegamos a fallar en lo más básico y a todo le ponemos problema[10]. Así, puede que nos quedemos sentados en medio o al margen del camino común sin avanzar y cada vez más pendientes de vivir cada uno para sí. Puede que nos avergüence mostrar cariño, dejarse ver vulnerable o pedir perdón. Atascados así en el camino, Ignacio de Loyola nos dice que miremos

---

[9] *Ibid.*, regla de discernimiento 1.
[10] Estas características y las siguientes proceden de la anotación 9.

alto de nuevo. Quizás nos cueste tener ganas de ello. Puede que hayamos ya perdido en algún lugar el deseo de mirar junto con el otro. Ignacio nos diría que al menos tratemos de mirar juntos para ver si hallamos el «deseo de desear» juntos, las ganas de volver a vivir enamorados.

¿Deseamos lo que es mejor y para siempre? Hay cosas que merecen realmente la pena. Hay cosas que solo el amor puede hacer. Hay cosas que merecen ser eternas y muchas de ellas están en la familia. *Vivamos dedicándonos a hacer cosas que merezcan ser eternas. Vivamos dedicados a aquello que solo el amor puede hacer.*

## *Ejercicio: lista de decisiones*

No hace falta levantarse del lugar. Podemos hacer este ejercicio desde nuestro sitio. Contemplemos el conjunto de nuestra vida como pareja y familia y escribamos una lista de cosas que estén sucediendo y nos preocupen u ocupen. Añadamos algunas de las decisiones que creemos que tenemos que tomar u opciones que nos estemos planteando. Examinemos esa lista según dos tipos preguntas y señalemos poniendo cruces:

- *¿Qué de esto merece ser eterno? ¿Qué de esto es algo duradero (como decía Ignacio de Loyola a sus familiares)? O, preguntado de otra manera, ¿en qué de esto nos estamos jugando algo para toda la vida?*
- *¿Y qué de esa lista solo puede ser hecho por el amor? ¿Qué no depende de nuestra pura voluntad, nuestra autoridad, nuestro poder o nuestro dinero?*

Las respuestas dan muchas pistas de por dónde va el camino que hacemos juntos. Vamos a abordar el último contenido del primer marco de este quinto tiempo.

Una de las cosas que más valoran los participantes es tener tiempo para hablar, hacer experiencias juntos y compartir con otra gente lo que piensan sobre su vida familiar y de pareja.

## Dar a cada cosa su valor

Ignacio es un espíritu de apasionada atención a las cosas[11], no deja pasar las cosas como si nada. La sabiduría de los Ejercicios para decidir hace algo en el fondo muy sencillo: dar su valor a las cosas. Pero nuestro corazón no siempre nos comunica fiel y transparentemente dicho valor, sino que a veces nos complicamos bastante la vida. O bien no queremos escuchar al corazón, o bien echamos varias capas de deseos que acaban creándonos confusión y acaban no dejándonos vivir en paz. Ignacio es consciente de que fácilmente podemos estar dejándonos engañar en nuestra mente y corazón. Ignacio nos avisa que estemos atentos a no mentirnos a nosotros mismos, sino a buscar el verdadero valor de cada cosa. Para eso nos invita a vivir conectados con nuestros movimientos internos más profundos.

Cada uno tiene su interioridad, pero también las parejas forman una intimidad compartida en la que hay sentimientos, ideas, signos entre ambos. Teniendo en cuenta todo lo anteriormente dicho (darnos tiempo, conversar, prepararnos, ser activos, persistir y buscar

---

[11] *Ejercicios Espirituales*, primera semana, ejercicio 2, adición 5.

amar más), la pareja y la familia están más capacitadas para vivir mirando de frente la vida. Vivir mirando de frente supone no tener miedo a conocer lo que en realidad uno piensa o siente. Constantemente el mundo nos echa cortinas delante de la realidad, una tras otra. Distintos intereses se disputan nuestra voluntad para que hagamos lo que a ellos les conviene: comprar esto, votar aquello, pensar eso, sentir tal, obedecer a cual, mirar acá, vender allá o simplemente no movernos. Nuestra tarea es apartar todas esas cortinas y mirar de frente al sentimiento o pensamiento que hay al fondo del todo, el que es verdaderamente nuestro. No es fácil no engañarse o no mentirse a uno mismo y a la pareja. Por eso, el primer compromiso es con la verdad: no mentirnos y ayudarnos el uno al otro a mirar de frente las cosas sin torcer ni nublar la vista.

No debemos fiarnos de las primeras reacciones ni vivir desde el sensacionalismo, sino donde podamos sentir hondo. No seamos *paparazzi*, persiguiendo simplemente lo más superficial, sino *escritores de lo más valioso de la vida*; y lo valioso muchas veces está en medio de lo confuso y pequeño.

La vida de pareja comparte unas cuantas grandes cosas y miles de otras muy pequeñas. Las grandes decisiones son consecuencia de un progresivo entrenamiento en la toma de esas pequeñas decisiones diarias. En los detalles cotidianos es donde se construye con mayor profundidad. La formación de una pareja parte de fijarnos en los detalles de las cosas: vivir en el detalle y vivir al detalle.

Cuando somos capaces de penetrar dentro de nosotros, de apartar todo el ruido y escuchar lo que realmente dice nuestro interior, descubrimos que a veces nuestro corazón es un consuelo para nosotros y otras veces se duele. En la intimidad compartida por la pareja también hallamos esa doble dinámica: a veces estar juntos es algo que nos da paz y contento de vivir y otras veces en nuestro interior compartido hay desasosiego, abulia o no nos acabamos de encontrar el uno frente al otro sin tener que bajar la mirada. Ignacio experimentó que esos dos polos son algo universal en el espíritu humano: hay movimientos de amor y desamor. Los primeros, la verdad es que son un consuelo para el alma y uno siente el alma grande y feliz: se hincha de vida, esperanza y agradecimiento y descansa en una gran confianza y paz. Eso no quiere decir que todo lo que pase a nuestro alrededor sea bueno o dichoso, pero, incluso en los momentos de desdicha, podemos sentir nuestra alma triste pero pacificada. Cuando alguno de los nuestros muere, nos dolemos, lloramos y nos lamentamos, que es lo que toca a la naturaleza humana, pero seguramente eso conecta con sentimientos de agradecimiento por la vida del otro, ánimos para vivir honrando su memoria y esperanza en que hay cosas que son eternas y ni la muerte puede con ellas. Una pareja puede arrostrar un desafío muy fuerte al mismo tiempo que entre ellos sienten fortaleza y seguridad. En ocasiones, sufren la más terrible de las pérdidas y juntos encuentran cauces por los que poder hacer discurrir la esperanza y la vida que continúa.

Ignacio dice[12] que en nuestro interior hay esos movimientos o mociones que son consolaciones para la

---

[12] *Ibid.*, reglas de discernimiento 3 y 4.

vida y otros que nos dejan desolados o fuera de lugar. «Consolar» es cuando algo se encuentra junto a algo, está integrado, unido. Etimológicamente, «desolar» significa quitar algo del lugar, «desencontrarse», vaciar, dividir, alejar, descolocarse o no hallar lugar donde descansar. El hogar es todo lo contrario a la desolación, y no existe mejor expresión de la consolación: ponernos en el mismo lugar.

Siempre hablamos de muchas cosas con nuestra pareja, pero hay algo para lo que siempre debemos dejar sitio: para compartir esas mociones de profundidad, para dar nombre a lo que está moviéndose entre nosotros y saber con cuidado y atención interpretar qué puede querer decir. Ahora adquiere todo el sentido lo que hemos ido aprehendiendo anteriormente: dedicar tiempo a ello y no apresurarnos a juzgar demasiado rápido, sino examinar con cuidado, día a día, aquello que sea delicado hasta que vayamos adquiriendo claridad sobre ello.

Cuando hay algo entre la pareja que les disgusta o les hace «desencontrarse» (desuela), es bueno que se sienten los dos a un lado juntos, y eso que sienten o padecen, al otro lado. Que lo separen de sí mismos: «eso» no son ellos. Es bueno que lo vean con cierta distancia, aunque ahora lo lleven muy dentro. Si les aliena es que no es suyo, es ajeno a su hogar. Ni siquiera pertenece a uno y no al otro. Si logran sentirse juntos y sin reprocharse que sea del uno o del otro, habrán dado un gran paso: se habrán puesto en una situación desde la que quizás todavía no vean las cosas claras, pero poco a poco van a poder hallar qué quiere decir y cuál es su verdadero valor frente a todo lo que ellos dos son.

Incluso en los peores momentos, cuando uno lo ve todo oscuro, no debemos romper el hilo de la comunicación. Podemos no hacerlo necesariamente con palabras: recordemos aquel lenguaje de gestos que generalmente es aún más poderoso que las palabras. Tomar la mano del otro, invitarle a pasear juntos o simplemente sentarse junto a él dice muchas veces todo lo que las lenguas no saben cómo expresar. Ignacio nos recomienda que compartamos esos movimientos interiores[13], que, como las estaciones, cada día o cada poco tiempo, recojamos en nuestro campo común los frutos de la cosecha, quitemos piedras, malas hierbas y recuperemos las semillas que se nos pierden. Ignacio nos enseña a las parejas a *no dejar que las cosas pasen como si nada*; no dejar todo al olvido, a la paciencia, o para cargar en silencio sobre las espaldas o el corazón, sino dar a cada cosa su justo valor.

## 5.3. Ejercicio: entrenar la capacidad de discernir

Necesitamos ser más perspicaces porque las cosas están tan complicadas que no es fácil distinguirlas, discernirlas. Discernir es conocer el corazón de las cosas y conocer las cosas de corazón. Discernir es conocer qué es verdaderamente valioso. Discernir es llamar a las cosas por su nombre. Discernir es saber qué es lo que hace algo diferente, lo que marca la diferencia.

Para eso hay que entrenarse. La propia vida nos da numerosas oportunidades continuamente para aprender a discernir mejor. Pero también podemos hacer juntos

---

[13] *Ibid.*, anotación 17.

algún ejercicio en el que aprendamos a profundizar en nuestra capacidad para leer el corazón de las cosas.

Proponemos dos dramatizaciones. Es posible también que los relojeros escriban sus propias dramatizaciones. El contexto de cada lugar donde se celebra el Reloj cambia y requiere adaptarse a la realidad de la gente. Los relojeros pueden tomar estas dramatizaciones y reescribirlas. Se les entregará a dos actores en cada ocasión para que las interpreten ante todos. Es bueno que se pongan en medio y actúen con sus mejores dotes de teatro.

Después de representar cada dramatización, el conjunto de participantes debe discernir entre todos qué es lo que ocurre en esa escena. En un primer momento, los relojeros dejarán que los participantes opinen espontáneamente y apenas intervendrán.

Tras un primer tiempo de opiniones (10 minutos quizás), los relojeros intervendrán haciendo preguntas a los participantes.

- *¿Cómo hemos estado leyendo hasta ahora esta realidad?*
- *¿Nos hemos dedicado a dar la razón a uno u otro?*
- *¿Hemos estado dando nuestras propias opiniones o conociendo la realidad de lo que está ocurriendo?*
- *¿Hemos averiguado qué es lo que siente en el fondo de su corazón cada uno de los personajes?*
- *¿Hemos distinguido lo que les enreda?*

Con la ayuda de los relojeros –en la segunda parte más activos– se emprende un segundo tramo de discernimiento sobre la clave de lo que ocurre en aquella escena. Primero se invita a los participantes a formular qué es lo que debemos buscar.

- *¿Qué pedimos encontrar? ¿Qué es lo que queremos hallar?*
- *¿Y qué debemos preguntarnos?*

Se invita a los participantes a que respondan a esas dos cuestiones: qué se busca y qué se debe preguntar ante esa escena. Después, se sigue discerniendo hasta desentrañar qué es lo que ocurre y cómo ayudar a las personas implicadas en la dramatización.

---

## INDICACIÓN METODOLÓGICA

Otra opción muy buena es que después de hacer una de las dramatizaciones como ejemplo, los participantes escriban pequeñas representaciones. Para ello se divide a los participantes en tres grupos formados aleatoriamente. Se le pide a cada grupo que escriba una pequeña dramatización sobre una decisión que tengan que tomar en una pareja o familia. Dependerá de si existe tiempo suficiente para hacerlo. Luego se va representando cada una. Es un buen momento para la emoción, para decir verdades y también para cierto humor.

---

*Dramatización 1. Tenorio y Casilda están cenando...*

*Tenorio: Esto está buenísimo.*

*Casilda: Me alegro, porque me ha llevado un par de horas hacerlo.*

*Tenorio (entre apurado y enojado): Ya te he dicho que está buenísimo.*

*Casilda (entre sarcástica y pacificadora): Hecho con todo el amor del mundo.*

*Tenorio (busca cambiar de tema): Hoy he tenido un día terrible, un montón de trabajo.*

*Casilda: Pues ahora cena tranquilo. Come despacio, que luego te sienta mal.*

*Tenorio: Ya. Sí.*

*Casilda: Ha llamado tu madre.*

*Tenorio: Ah, bueno. ¿Están bien?*

*Casilda: Sí. Podías llamarla. Es tu madre.*

*Tenorio: Pero si al final lo que quiere es hablar contigo.*

*Casilda: Porque tú casi no le cuentas nada.*

*Tenorio: ¿Y qué le contaste?*

*Casilda: Pues nos pusimos al día.*

*Tenorio: De verdad que lo que quiere es hablar contigo, se lo cuentas mejor.*

*Casilda: Me contó el bajón que ha dado tu padre.*

*Tenorio: Vaya. Tengo que ir a verles.*

*Casilda: Con eso habrá que hacer algo y más pronto que tarde.*

*Tenorio: Bueno, déjales. Si necesitan algo, ya lo pedirán.*

*Casilda: Habría que llamar para enterarse de qué recursos ponen para personas tan dependientes.*

*Tenorio: Es buena idea.*

*Casilda: Tienes que hablar con tu hermana.*

Tenorio: Sí, va a haber que acabar hablando de eso un día u otro.

Casilda: Tu madre ya no puede con el peso de tu padre.

Tenorio: ¡Qué agobio!

Casilda: Habría que solicitar una ayuda al ayuntamiento.

Tenorio: Es buena idea.

Casilda: Pero tu madre no puede hacerlo, se le hace complicado.

Tenorio: Pero si es solo ir allí. Hay muchas ayudas. Es simplemente llamar y ya está. Ya se lo dije un día. No tiene problema ninguno.

Casilda: Ya, pero se hace un lío.

Tenorio: Bueno, lo que tiene que hacer es pedir cita simplemente. Son profesionales y hacen cosas de esas a montones cada día.

Casilda: ¿Por qué no te acercas un día con tu hermana y lo veis?

Tenorio: Sí, va a haber que hacerlo.

Casilda: Cuanto antes, mejor.

Tenorio: Pero ahora no, estoy en el peor momento del año con el trabajo. Estamos hasta arriba, no tengo tiempo psicológico para poner foco en eso.

Casilda: El trabajo siempre te va a más, nunca va a ser buen momento.

Tenorio: Gestionar eso es algo que lleva mucho tiempo, no es tan fácil y la Administración es un lío. Te tienen como mínimo un par de semanas yendo con papeleo de aquí para allá y luego ya veremos, porque eso es una lotería: te toca o no. Un poco más adelante. Ya veremos cómo va. Se lo comentaré a mi hermana.

Casilda: Es ponerse a ello.

Tenorio: Sí, pero sin perder los nervios. Ahora le ha entrado la prisa a mi madre, pero ha tenido mucho tiempo.

*Ya le he dicho mil veces lo que hay que hacer y tiene que ser ahora. Claro, la cosa es no decidir nada hasta que te lo tengan que hacer.*

*Casilda: No, ella no me ha dicho una palabra. Es lo que yo deduzco, pero ella no ha pedido nada. Yo solo sugiero. Si fueran mis padres, ya sabría yo lo que tenía que hacer.*

*Tenorio: Ellos son muy independientes. Si lo necesitaran, lo dirían. Si no, no me voy a meter en la vida de la gente.*

*Casilda: Solo es porque un día ya nos encontraremos el problema y es mejor prevenir.*

*Tenorio: Bueno, entonces no hay problema, ¿no? Porque es que si no, dejo de cenar y me pongo a ello. ¿Hay que hacerlo hoy? A ver: dejo de cenar. Dame el teléfono, que llamo.*

*Casilda: No, solo estamos hablando. Que un día de estos lo muevas, nada más. Cena, cena tranquilo.*

*Tenorio: Oye, es que me estás dando la cena.*

*Casilda: Solo por si puedes llamar a tu hermana y comentárselo.*

*Tenorio: Tú hablas más con ella, comentadlo a ver cómo lo ve.*

*Casilda: Es una conversación que es bueno que tengan los hermanos.*

*Tenorio: Buscaré el momento.*

*Casilda: Quizás el mes próximo, en el cumpleaños de tu sobrino.*

*Tenorio: Tampoco es buen momento para ella en estos momentos.*

*Casilda: Pero, Tenorio, tú que estás todo el día en la empresa gestionando proyectos, ¿quién mejor que tú va a hacer esa gestión? Si entre nosotros alguien conoce la Administración, eres tú.*

*Tenorio: Es un espanto, no sabes bien lo que es.*

*Casilda: Por eso lo digo. Para ti son un par de llamadas. Pero hay que decidir algo.*

*Tenorio: No, ahí si me lías, es de donde no salimos.*

*Casilda: Bueno, pues ¿por qué no comienzas llamando tú y ya está?*

*Tenorio: Bueno, se lo puedo encargar mañana a mi secretaria y ya vemos a ver qué se puede hacer.*

*Casilda: Sí, tú tranquilo, a ver qué se puede hacer.*


*Dramatización 2. Cristino y Fernanda están comprando comida…*


*Fernanda: ¿Hacemos un arroz para el domingo?*

*Cristino: Está muy bien.*

*Fernanda: ¿Con pollo o pescado?*

*Cristino: Todo está bueno.*

*Fernanda: Sí, pero luego comienzas a protestar de si era mejor tal que cual… Tú dime, que luego no quiero protestas.*

*Cristino: Lo que quieras. Me es igual. Pero que sea bueno.*

*Fernanda: ¿Pescado entonces?*

*Cristino: No sé qué tal está.*

*Fernanda: Míralo.*

*Cristino: Ya. No sé. A mí me es igual. Lo que tus hermanos prefieran.*

*Fernanda: ¿Y para los niños?*

*Cristino: Entonces mejor pollo.*

*Fernanda: Pues pollo. Ya está. Vámonos.*

*Cristino: Pero el pescado sale mejor. Siempre comemos pollo. Los niños tienen que aprender a comer de todo.*

*Fernanda: Pues entonces compramos pescado. Pero dime cuál porque tú sabes más.*

*Cristino: No. Parece que todos sabemos sobre pescado. Luego no quiero protestas de si me sale mal, que si tal o cual.*

*Fernanda: Entonces compramos pez espada.*

*Cristino: Bueno...*

*Fernanda: ¿No compramos pez espada?*

*Cristino: Hay que limpiarlo. Puede haber alguna espina...*

*Fernanda: Espinas no tiene.*

*Cristino: Alguna pueden encontrar los niños y, claro, ya se monta...*

*Fernanda: No se monta nada. El pez espada te sale fenomenal.*

*Cristino: No, mejor pollo. Así todo el mundo estará contento.*

*Fernanda: El pollo les gusta a todos. Es más fácil.*

*Cristino: Sí, bueno, no es tan fácil hacerlo bien y que nadie proteste. Lo que es fácil es comerlo cuando ya está hecho.*

*Fernanda: Y te sale genial.*

*Cristino: Sí, bueno, es solamente pollo. A cualquiera le sale bien.*

*Fernanda: Vamos, compramos el pollo.*

*Cristino: Si vosotros lo preferís, pues hacemos pollo...*

*Fernanda: No, nadie prefiere nada. Somos nosotros dos los que invitamos. Les damos lo que creemos mejor. Decídete: ¿pollo o pescado?*

*Cristino: A mí me es igual. Decide tú.*

*Fernanda: Pues elige un pescado y ya está. Cualquiera sin espinas. O uno con espinas y lo limpiamos. No es tanto problema.*

Cristino: Bueno, hay muchos pescados. No es fácil elegir entre ellos.

Fernanda: El que te guste más.

Cristino: A mí me es igual, me gusta todo.

Fernanda: Ya, pero el que creas que te va a salir mejor.

Cristino: Más o menos todos salen igual.

Fernanda: Pues elige el que más gusta a todos.

Cristino: Eso depende de los que comen, no de quien cocina. Elige tú y yo lo cocino.

Fernanda: No, que luego dices que si tal o cual. Escoge tú.

Cristino: Pues, ¿pescado azul o blanco?

Fernanda: Pues con el arroz más bien pega pescado blanco, quizás.

Cristino: Bueno, eso es lo de siempre.

Fernanda: ¿Quieres hacer de MasterChef? Me estoy cansando ya. Elige uno que nunca hayas cocinado.

Cristino: Sí, bueno, como para experimentar estamos…

Fernanda: Hay muchos. Escoge uno cualquiera y ya está.

Cristino: Era más fácil el pollo. Venga, compramos pollo y ya está.

Fernanda: Lo que quieras, pero decídete ya.

Cristino: A mí me es lo mismo.

Fernanda: Mira, hacemos una cosa: compramos pollo y pescado y luego ya vemos qué hacemos.

Cristino: ¿Pero lo compramos aquí o mejor buscamos en algún otro sitio?

Fernanda: Cariño, ¿por qué no vas a buscar un buen arroz y ya pido yo el pescado?

Cristino: ¿Arroz? ¿Qué tipo?

Fernanda: El que quieras.

Cristino: A mí me es igual.

## 5.4. Marco, segunda parte

Hay cuestiones que en la familia o en la pareja parecen inevitables. Pero siempre hay un grado de elección. Aunque solo sea la elección de vivirlo de otro modo distinto. Podemos convertir las cosas en elecciones e introducir libertad donde había decisiones ocultas, agotadas, paralizadas, vacías, tomadas por otros en vuestro nombre o simplemente innombrables. Donde haya infelicidad, pongámonos en estado de elección. En aquellos aspectos de la vida interior en donde domina la dictadura del egoísmo o lo inevitable, Ignacio nos llama a *convocar elecciones libres* en las que presentarnos y ganar. El centro de la espiritualidad ignaciana es hacer lugar en todas las cosas a la libertad del amor. Ignacio de Loyola nos propone que donde haya desolación, pongamos libertad.

No mentirnos a nosotros mismos no es labor fácil, porque los engaños van cargados con una especie de programa que los protege: no se dejan desinstalar del corazón por sí mismos. Y si además se los esconde o se trata de disimular o hacer como si no existieran, se hace más fuerte el *veneno en el corazón*. Todo lo malo crece cuando se lo esconde[14]. Lo malo crece cuando no se lo saca a la luz, se dice el problema a medias, se habla por detrás, te lo tragas todo, sientes vergüenza de decirlo y expresarte, tienes temor a decepcionar si se sabe o te sientes ridículo diciendo *te quiero* y *te amo*.

Los engaños y desengaños en la vida de pareja se debilitan cuando se los llama por su nombre. Igna-

---

[14] *Ejercicios Espirituales*, regla de discernimiento 13.

cio piensa precisamente que el mejor ejemplo para explicar esta idea es lo que le ocurre a una pareja cuando alguien engaña a su pareja con otra persona. Dice en los *Ejercicios* que el mal espíritu es como un amante que engaña y quiere que nada se descubra, sino que todo se esconda en secreto: como si no saber algo lo hiciera menos mentira. Lo peor es que, cuando llegas a mentir al otro, llevas ya mucho tiempo mintiéndote a ti mismo. Quizás nos ha ocurrido en alguna ocasión.

El mal siempre lo complica todo y lo hace confuso. Un modo de comenzar juntos a buscar la verdad y el valor de las cosas es simplificar. Ignacio nos recomienda «esencializar»: procurar la simplicidad, reducir las cosas a distintos puntos formulados brevemente, con la mayor sencillez y menor ambigüedad posibles[15]. Al enfocar tan bien y claramente las cosas, ponemos la mirada en lo concreto y en lo sustancial de la vida.

Nos invita a distinguir lo confuso y complicado en partes menores. No se trata de perdernos en un ovillo de muchos caminos, sino de ser capaces de simplificar en dilemas con dos opciones. Si hay más de un problema, entonces hemos de identificar distintos pares de decisiones. Establecer cuestiones divididas en dos posibles respuestas nos evita el riesgo de tirar por la calle del medio, sufrir la tentación de los falsos atajos o tratar de compatibilizarlo todo. Al reconocer elecciones entre dos alternativas, reducimos al máximo la confusión y además es un seguro contra las falsas soluciones.

---

[15] *Ibid.*, anotación 2.

## Ejercicio de la decisión

Vamos a afrontar esta segunda parte practicando sobre un caso real. A cada pareja o familia se le pide que recupere aquella lista de decisiones que hizo. Si no la hizo, entonces se pide a las parejas o familias que hagan la lista y que elijan entre ellas la cuestión, suceso o posibilidad importante de su vida familiar o de pareja que más les preocupe o les afecte. No tiene que ser necesariamente negativa o tratarse de un problema. Puede elegirse también una oportunidad (un cambio de trabajo, por ejemplo). No tendrán que compartir esa cuestión ahora ni más adelante, así que pueden elegirla con la máxima intimidad.

> ➤ Por ejemplo, supongamos que una pareja ha elegido como cuestión el intenso deseo que tiene uno de los dos de cambiar de trabajo para dedicarse a su verdadera pasión en la vida.

Tras elegir la cuestión, se pide a los participantes que escriban cinco cosas asociadas a esa cuestión (miedos que tienen, oportunidades que se abren, problemas causados, sentimientos que produce, etc.).

> ➤ Sigamos con el ejemplo que hemos elegido (cambio de trabajo) y apliquemos este paso, que pide cinco cosas asociadas a esa cuestión:
>
> (1)  Siente miedo a renunciar a un trabajo seguro como el que actualmente tiene y que lo otro no funcione.
>
> (2)  Piensa que el resto de la familia tiene miedo a que le vaya mal y a que fracase.

(3) Él cree que el resto de la familia le reprocha que ponga en riesgo el bienestar de la familia por dedicarse a algo que es un simple deseo suyo.

(4) Con cuarenta años se considera mayor para cambiar de trabajo, los hijos van a empezar la universidad (necesitarán más dinero para eso) y cree que ya se le pasó la oportunidad.

(5) Cada vez hace peor su trabajo, va con menos ganas, cree que está perdiendo el tiempo de su vida; eso le crea un profundo malestar y causa muchas tensiones en el hogar. Su insatisfacción vital es cada vez mayor y eso altera a toda la familia.

(6) Cree que su pareja no comprende lo importante que eso es para él y que no le anima a dar el salto.

Se pide un tercer paso a los participantes: que aclaren y simplifiquen. Con seguridad hay varios dilemas implicados en el asunto elegido, pero deben elegir aquel en el que más se está jugando el fondo de la cuestión. Si la unidad familiar no tiene muy claro qué es lo más crucial, entonces que elija uno de los dilemas importantes. La pareja o familia debe reducir ese dilema a dos cuestiones claramente delimitadas, sin ambigüedad y formuladas de manera clara.

Este paso es clave. En los pasos posteriores ha habido parejas que se han dado cuenta de que su problema era que habían definido mal el dilema al principio. El ejercicio les ayudó mucho para darse cuenta de que habían elegido un dilema que no era el más importante o que estaba mal planteado. En realidad, todo dependía de otro dilema mucho más profundo. El caso en cuestión planteaba si vendían o no la parte de un negocio que compartían con una hermana. En realidad, conforme fueron avanzando, se dieron cuenta de que eso dependía de un dilema mayor: superar el conflicto que tenían con su cuñado o no.

> En nuestro ejemplo del cambio de trabajo, la pareja formula así el dilema: ¿Corremos el riesgo de cambiar de trabajo a otro en el que desarrolle la pasión de toda su vida?

Hasta aquí es suficiente. Avancemos en esa segunda parte del marco de este quinto tiempo dedicado a decisiones.

*Formas de decidir*

En un primer tiempo, habrá elecciones que sean adoptadas porque, tras meditarlo, a la pareja le parezca que son indudables, evidentes, clarísimas y buenísimas[16]. Ese es un primer criterio para poder decidir: que las cosas sean buenas en sí mismas[17]. Si se elige así en un primer tiempo, entonces la decisión era clara y en parte ya estaba tomada previamente en el corazón de la persona. De hecho, Ignacio de Loyola dice que este es el primer tiempo o forma de decisión: lo que es clarísimamente lo mejor y no cabe duda.

---

[16] *Ibid.*, hacer elección en tres tiempos, tiempo 1.
[17] *Ibid.*, hacer elección en tres tiempos, punto 1.

Si las cosas no aparecen así de claras en un *primer tiempo*, entonces se puede pasar a una *segunda forma* de elegir: cosas sobre las que, a poco que la pareja ahonde y se aclare con mayor detalle, experimenta claridad[18]. Este segundo tiempo de decidir implica más diálogo, darse tiempo, meditar, consultar o conversar con otros. Y tras esa segunda vuelta, aparece clarísimo lo que hay que decidir.

Pero a veces se necesita un *tercer tiempo o forma* de decidir: puede que haya cuestiones que se resistan a aparecer claras a la primera o en un segundo tiempo. Este *tercer tiempo* para *hacer elección* puede que pida a la pareja hacer las cosas más transparentes. Muchas veces los problemas se producen porque no sabemos bien qué es lo que estamos decidiendo o sobre qué exactamente estamos discutiendo[19]. En consecuencia, hay que identificar con precisión qué es lo que hay que decidir. Esto, que parece simple, no lo es en absoluto: la pareja tiene que llegar al fondo de lo que se juega. El problema sería quedarnos en un dilema que sea superficial y no ir a la cuestión de raíz.

En la cuestión sobre la que se quiere ser más libre, hay que buscar, pues, dónde amamos más[20]. Hay que retirar todo aquello que nos estorba para amar mejor y dejarnos guiar solo por una apasionada intención de querer entregarnos y amar más[21].

---

[18] *Ibid.*, hacer elección en tres tiempos, tiempo 2.
[19] *Ibid.*, hacer elección en tres tiempos, tiempo 3, modo 1, punto 1.
[20] *Ibid.*, hacer elección en tres tiempos, tiempo 3, modo 1, punto 2.
[21] *Ibid.*, hacer elección en tres tiempos, tiempo 3, modo 1, punto 3.

*Ejercicio de la decisión*

Volvamos al ejercicio. ¿El dilema que hemos elegido se resuelve en un primer tiempo porque es clarísima y óptima la respuesta? ¿O necesitaría un segundo tiempo? Se recomienda elegir un tema y dilema que necesite el tercer tiempo o forma de decisión, para que se puedan desarrollar el resto de los ejercicios.

> ➤ En el ejemplo del cambio de empleo, han elegido bien la cuestión. De primeras, él piensa que debería cambiar de empleo, pero no ve nada claro que sea una decisión asumida por la pareja ni por la familia. Y, además, siente miedo al fracaso y a lo que dirán los demás. Su pareja piensa que el asunto no está nada claro tampoco: cree que él no lo tiene claro y reconoce que ella tampoco. No ven clarísimo qué decidir (primer tiempo) ni creen que pensándolo más tiempo lograrían resolver sus dudas (segundo tiempo). Es una cuestión de tercer tiempo.

> ➤ Revisan si han planteado bien el dilema, si va a la raíz de la cuestión. Ella cree que él ha planteado la cuestión en términos de miedo y riesgo, cuando en realidad debería plantearse si realmente quiere dedicarse a ello, independientemente del éxito o reconocimiento que alcance. Él reconoce que es cierto.

> ➤ Así pues, reformulan el dilema. Antes era: *¿Corremos el riesgo de cambiar de trabajo a otro en el que desarrolle la pasión de toda su vida?*

➤ Ahora el dilema más radical es doble: *¿Quiere realmente dedicarse a su pasión y le apoyamos plenamente en ello?*

Los participantes han identificado si su dilema es de primer, segundo o tercer tiempo y han ajustado mejor el dilema. Sigamos con el marco.

*Pros y contras*

Cuando veamos con nitidez la línea que divide una opción de otra, entonces tendremos que hacernos conscientes de cuáles son las ventajas de cada opción y luego de qué desventajas tendría cada una de las dos opciones. Esto es algo muy popular de la sabiduría ignaciana: los *pros y contras*[22] de cada una de las dos alternativas. Debemos enumerarlos con precisión y brevedad, procurando que sean los esenciales y no perdernos en listas interminables, repetitivas o que nos hagan extraviarnos en aspectos secundarios. Uno debe ver las dos alternativas bajo la luz de toda nuestra conciencia: con nuestro sentir, el sentido común, siguiendo la razón[23]. Ante ese cuadro de pros y contras, *¿qué nos dice el sentido común y qué sería lo más razonable?*

Pero, incluso a estas alturas, aunque hemos hecho un gran camino de transparencia, hay riesgos de dejarnos engañar y llevar por otras cosas que no sean buscar dónde podríamos dar más de nosotros mismos. Podríamos ponernos a prueba con dos preguntas con el fin de ver si aquello que parece razonable oculta otros intereses:

---

[22] *Ibid.*, hacer elección en tres tiempos, tiempo 3, modo 1, punto 4.
[23] *Ibid.*, hacer elección en tres tiempos, tiempo 3, modo 1, punto 5.

- Primero, preguntémonos hacia dónde nos inclinaríamos si nos dejásemos llevar por lo más fácil. ¿Es a la misma opción que marca la razón? Si es así, desconfiemos.
- Segunda pregunta: ¿cuál de las dos opciones elegiríamos si nos dejásemos guiar por la búsqueda de prestigio, dinero o poder?

De nuevo, veamos las respuestas y examinemos hasta qué punto la razón esconde o busca ser compatible con otros intereses inapropiados para lo que buscamos.

Trascendiendo incluso lo que el sentido común nos indica, meditemos las dos alternativas ante lo más sagrado de nuestra vida y de todo el universo[24]. ¿Qué es eso más sagrado, aquello que es mayor que cualquier otra cosa? Eso nos dará luz y nos ayudará a tener altura de miras para buscar lo mejor y mayor. Ignacio emplea una palabra de lo que debemos buscar: el *magis*, que en latín significa «lo mayor», «lo mejor» o «lo más».

*Ejercicio de la decisión*

Se invita a que los participantes se hagan una tabla con los «pros» y «contras» de cada opción de su dilema. Luego se harán las preguntas que hemos mencionado:

- *¿Qué nos dice el sentido común y qué sería lo más razonable?*
- *¿Hacia dónde nos inclinaríamos si nos dejásemos llevar por lo más fácil? ¿Es a la misma opción que marca la razón?*

---

[24] *Ibid.*, hacer elección en tres tiempos, tiempo 3, modo 1, punto 6.

- ¿*Cuál de las dos opciones elegiríamos si nos dejásemos guiar por la búsqueda de prestigio, dinero o poder?*
- ¿*Qué decidiríamos ante lo más sagrado, aquello que es mayor que cualquier otra cosa?*

➢ *En el ejemplo del cambio de empleo, la pareja hizo la siguiente tabla de pros y contras.*

|  | Pros | Contras |
|---|---|---|
| Si decidimos cambiar de empleo | Va a hacer lo que realmente es su pasión y quiere desarrollar. Acabarán las tensiones que produce su actual trabajo en todo el hogar. Podrá hacer algo en el mundo que deje más huella que lo que le permite su empleo actual. | Comenzarán otro tipo de tensiones por los riesgos y esfuerzos del emprendimiento de un nuevo trabajo. Riesgo económico alto. La mayor parte de lo logrado con su empleo anterior aparecerá como inútil. La gente va a pensar que ha fracasado porque ha elegido tarde su vocación. |
| Si decidimos seguir en el empleo | Tenemos dinero y seguridad. Tenemos reconocimiento social. La familia puede seguir con sus planes y los chicos ir a la universidad que elijan. | Nunca va a estar satisfecho con su empleo. Puede que no esté enfadado, pero estará frustrado, se hará una persona resignada y bajará su tono vital. Sentirá que no está haciendo lo mejor que podría hacer para el mundo. El miedo y la falta de confianza en sí mismo le habrán vencido y aumentarán. |

Viendo esa tabla, responden a las preguntas:

- ¿Qué nos dice el sentido común y qué sería lo más razonable? Cambiar de trabajo.
- ¿Hacia dónde nos inclinaríamos si nos dejásemos llevar por lo más fácil? ¿Es a la misma opción que marca la razón? No. Lo más cómodo es seguir en el empleo y el sentido común conduce a cambiar.
- ¿Cuál de las dos opciones elegiríamos si nos dejásemos guiar por la búsqueda de prestigio, dinero o poder? Seguir en el mismo empleo, pero dudan si acaso él no está buscando alcanzar por medio de ese trabajo una gloria que por el empleo actual parece que no va a tener. Lo ven complicado.
- ¿Qué decidiríamos ante lo más sagrado, aquello que es mayor que cualquier otra cosa? Cambiar de empleo.

La pareja del ejemplo acaba este primer modo de elegir con muchas dudas. En la imagen siguiente, unas parejas piensan en este ejercicio. Sigamos con el marco.

*Elegir ante lo mayor*

«Pros y contras» es el *primer modo de elección*. Pero tal vez ni siquiera este modo de aclararnos sea suficiente para llegar a una decisión. Ignacio vivió un *segundo modo de decidir* cuando el tiempo de decidir cuesta más: lleva esa decisión a las mismas manos de Jesús[25].

---

[25] *Ibid.*, hacer elección en tres tiempos, tiempo 3, modo 2, punto 1.

La pareja tiene que imaginar con total honestidad qué elegiría Jesús. Incluso los no creyentes pueden imaginarlo. Tengamos en cuenta la bondad con que se comportaba en todo, el amor extremo que puso en cada cosa, su entrega absoluta. *Si Jesús estuviese en nuestra situación, ¿qué elegiría?*

No es posible concebir una persona más buena que Jesús, pero quizás nos ayude –propone Ignacio– pensar qué decisión tomarían otras figuras o personas buenas que conozcamos. Hombres buenos de la historia, como Gandhi, Martin Luther King o cualquier otro que admiremos, quizás nos ayuden a descubrir qué es lo mejor.

- Es un buen motivo para conversar juntos en la pareja: cada uno puede elegir la mejor referencia que se le ocurra y pensar juntos qué diría si estuviese en ese momento junto a la pareja ayudándoles.
- Pensad que tiene que decidir por vosotros la persona que más os ha querido nunca en este mundo. *¿Qué elegiría?*

- Los Ejercicios Espirituales piden de nosotros una gran creatividad e imaginación. En este caso nos sugiere que pensemos en la persona más bondadosa que podamos imaginar[26] y que no estuviera implicada en la decisión. *¿Qué nos aconsejaría respecto a esa decisión?*

Los Ejercicios nos van descentrando del peso de nuestro ego y nos invitan a ir descubriendo con mayor libertad por dónde nuestra vida puede ir a más. Quizás nuestra falta de claridad es porque no nos tomamos esa decisión suficientemente en serio o no creemos que sea tan importante. Puede que la veamos como una cosa más o pensemos que el tiempo acabará poniendo las cosas en su sitio. Incluso Ignacio nos lleva a pensar extremadamente cuando decidimos sobre cuestiones que son de enorme trascendencia: *¿cuál de las dos alternativas tomaríais si estuvieseis uno de la pareja, o ambos, a punto de morir?*[27].

Emocionalmente nos pone en una tesitura muy extrema. Pero hay algo que es cierto y es que, cuando compartimos con otros esos momentos, realmente apreciamos qué es lo esencial, los egos se bajan, los rencores amainan y vemos el valor de las cosas con especial claridad. Seguramente en la realidad no es una decisión de vida o muerte, pero seguro que hay algo que, cuando decidamos, va a tener mucha más vida y va a estar menos muerto.

Los Ejercicios nos plantean incluso una encrucijada que va más allá de la muerte: supongamos que de esta

---

[26] *Ibid.*, hacer elección en tres tiempos, tiempo 3, modo 2, punto 2.
[27] *Ibid.*, hacer elección en tres tiempos, tiempo 3, modo 2, punto 3.

decisión va a depender el sentido de toda vuestra vida, lo definitivo que podáis transmitir a los vuestros o la salvación de vuestra alma[28]. *¿Qué se elegiría entonces?* Ignacio nos pone todo el tiempo ante un desafío constante y cuanto más liberados estemos de egoísmos y de mirar solo por lo de cada uno, con mayor claridad veremos[29]. La generosidad nos hace lúcidos. Quien ama, sabe la mayor verdad.

*Ejercicio de la decisión*

Los participantes revisan su dilema a la luz de lo dicho.

> En el caso del cambio de empleo, resulta lo siguiente de los sucesivos planteamientos y preguntas:

> > Reconocen que hace mucho que tienen olvidado a Jesús, pero creen que Jesús elegiría cambiar de trabajo. ¿Por qué? Porque no tenía miedo y hacía lo que realmente creía mejor con libertad, pese a ser pobre o incluso ser amenazado. Era totalmente libre y por eso decidiría cambiar de empleo. Aunque él no tenía familia propia, creen que en su lugar también decidiría cambiar de empleo, pero no lo haría él solo, sino que implicaría a todos en una decisión de toda la familia.

> > Ella piensa en la premio Nobel Wangari Maathai y él, en el canadiense Jean Vanier.

---

[28] *Ibid.*, hacer elección en tres tiempos, tiempo 3, modo 2, punto 4.
[29] *Ibid.*, hacer elección en tres tiempos, tiempo 3, modo 2, segunda nota.

Ambos coinciden en que sus modelos elegirían cambiar de trabajo. ¿La razón? Porque son gente que hizo lo que le salía del alma y fueron valientes para asumir riesgos.

➤ Entre sus familiares pensaron en la abuela de ella, que fue una mujer que les ayudó mucho en sus comienzos. Incluso aportó dinero para poder pagar algunos meses del alquiler de su vivienda cuando comenzaron y les cuidaba a los niños. Creen que ella hubiera insistido en que él conservara su trabajo. Porque era una mujer que buscaba mucho la seguridad y protección de los suyos.

➤ Pero si imaginaran a la persona más bondadosa imaginable, de nuevo les parece claro que elegiría cambiar de empleo.

➤ Ante la posibilidad del final de la vida, saben que siempre se arrepentirían de no haber cambiado de empleo.

➤ Y finalmente, si todo el sentido de su vida y su familia dependiera de esa decisión, decidirían cambiar de empleo.

## Lo que solo mueve el amor

La brújula de Ignacio durante los Ejercicios apunta todo el tiempo a un mismo norte: que, vaya a donde vaya la persona, solo le mueva el mayor servicio y alabanza de Dios. En consecuencia, le es indiferente si es una cosa u otra la que hay que hacer, porque en último término son medios para el último y mayor fin de todo. Creyentes y no creyentes pueden apreciar lo que este hombre apuntaba en pleno siglo XVI: que para decidir solo nos mueva el amor. Para ello, durante el proceso de los Ejercicios, la pareja o la familia, por puro amor, se desprende y libera de sus propias preferencias y apegos, de las condiciones y líneas rojas que se ponen uno al otro y juntos a los demás. Con el amor como norte, el resto les es indiferente[30].

En realidad, decidir una cosa u otra nos tendría que ser indiferente. Lo importante es dónde se ama más. La pregunta definitiva es: *¿Qué decidiríamos si solo nos moviera el amor?* No un amor por una cosa concreta sino el Amor con mayúscula, indiviso, integral, vital y completo. Un amor a todos y en todo. *¿En qué van a amar más y dónde van a servir más y mejor?*

Es clave que la pareja no luche, ni trate de sacar adelante la elección usando la ideología o forzando lo que no está claro ni maduro. Es algo que hay que elegir de corazón y con una actitud de acogida de algo que no sale solo de ti. Es importante que la pareja llegue a decirse la verdad o a formular las alternativas reales. Eso sería un gran paso. Hay que tratar de conocer cuál sería el bien mayor, independientemente de si es la razón o preferencia de uno u otro o la que previamente ambos tenían. Si iban muy obcecados en una de las opciones, Ignacio recomienda *hacer crecer la estima por la opinión contraria*.

Ignacio plantea que la persona sea radicalmente libre para elegir solo lo que conduzca a amar más y dice que no se decida buscando «más salud que enfermedad, más riqueza que pobreza, honor que deshonor,

---

[30] *Ibid.*, anotación 16.

vida larga que corta, y así en todo el resto...». Recuerda mucho a las promesas matrimoniales: «en la riqueza y en la pobreza, en la salud y enfermedad, todos los días de mi vida...». La pareja podría meditar su decisión desde esas promesas: decidir independiente de si nos hace más ricos o pobres, más sanos o enfermos o si eso va a durar poco o mucho, porque en cualquier caso lo haremos uno al lado del otro.

Ignacio advierte que cuando se pongan en juego decisiones importantes puede haber tres tipos de dilemas y cada pareja vive el Reloj de la Familia desde aquel tipo en el que se encuentra.

- Una primera pareja es la que ante el dilema manifiesta buenos deseos e intenciones de mejorar, pero no pone los medios[31].

- Puede haber una segunda situación en el planteamiento del dilema: la pareja quiere poner medios para elegir, pero trata de decidir aquello que no le haga cambiar mucho[32]. Buscan hacer compatible la apariencia de cambio con toda su vida anterior: quien prevalecía lo sigue haciendo, su estilo de vida se conserva igual, etc. Curiosamente, esta pareja siempre elige lo que no les exige cambiar casi nada. Ignacio dice que en esa situación se trata de *llevar a Dios* a lo que a uno le interesa.

- Y habría un tercer tipo de dilema: cuando la pareja se plantea y pone medios para que nada les mueva salvo buscar dónde amarían más.

[31] *Ibid.*, segunda semana, ejercicio 9, tres tipos de divergencias, primer binario.
[32] *Ibid.*, segunda semana, ejercicio 9, tres tipos de divergencias, segundo binario.

Esta distinción en tres tipos de situación no es una clasificación o una nota para las parejas. Esas tres situaciones no son las clases de pasajeros en un tren: no hay parejas de primera, segunda o tercera, sino diferentes retos a la altura de lo que podemos. Simplemente, es bueno que la pareja sepa bien qué le ocurre.

Ninguna de las situaciones es estática ni definitiva. Mientras haya vida, seguimos aprendiendo. Desde el fondo de nuestra alma tratamos de alcanzar el amor a lo largo de toda nuestra vida. Buscamos poner todo en juego para poder amar más y no queremos que nos mueva nada salvo el amor. Mucho y muchos tratan de inclinarnos hacia sus intereses, la pereza o el engaño, pero quienes realmente aman son indiferentes a todo ello. Se quedan quietos en medio de la encrucijada de caminos en que están buscando, esperando el viento del amor. Estemos decididos a ir por la senda donde solo puede llevarnos el amor, a hacer aquello a lo que solo puede mover el amor.

*Ejercicio de la decisión*

Ante estos últimos puntos, los participantes pueden mirar su dilema y ver qué es a lo que en último término les conduce el mayor amor.

- ¿Qué decidiríamos si solo nos moviera el amor?
- ¿En qué vamos a amar más y dónde vamos a servir más y mejor?
- ¿Qué está impidiendo que tomemos la mejor decisión?

> Apliquémoslo al ejemplo del cambio de trabajo, que nos ha ido ayudando a explicar estas ayudas para decidir.

- La pareja tiene claro que, si solo les moviera el amor, cambiaría de trabajo. Podría ayudar y hacer feliz a más gente y de mejor manera a través del trabajo nuevo. Y haría más feliz a todo su entorno, a la familia entera, a su pareja y a sí mismo.
- Y se dan cuenta de que lo que les impide elegir eso estaba ya presente desde el principio del planteamiento y sobre todo en la tabla de «pros y contras»: el miedo, la vergüenza y la necesidad de dinero. Las razones que le harían permanecer en el empleo actual son las razones del miedo.
- Consideran que están en el segundo tipo de dilema: saben que debería cambiar de empleo, quieren poner los medios, pero no quieren arriesgar ni su comodidad material ni la imagen que su actual empleo les da en su entorno y ante sus hijos.
- Concluyen que para decidir no tienen que dilucidar si el empleo es lo mejor, sino si son suficientemente libres para elegirlo y asumir las consecuencias.

## 5.5. Compartir

No se solicitará a los participantes que comenten cuál era el dilema –si alguien quiere voluntariamente compartirlo, es libre de hacerlo–, sino qué aprendizajes han sacado y qué dudas les quedan. Si las hay, es bueno que los relojeros y los demás traten de resolverlas.

## 5.6. El árbol ignaciano de decisión

Este esquema ayudará a guiarse en el itinerario o «árbol ignaciano de decisión» que va de las ramas a la raíz más profunda de las decisiones. Es un resumen de lo que hemos expuesto en este capítulo.

*Esencializad el dilema* en dos alternativas entre las que hay que elegir (cuáles son las dos ramas principales en que se divide la decisión):

a) Plantead la pregunta crucial de la decisión, en dos alternativas claramente delimitadas.

b) Describid cada uno cinco rasgos sobre esa cuestión que describan vuestros sentimientos fundamentales y los aspectos más importantes en juego.

c) Analizad juntos esos rasgos y «esencializad»: ¿es esa pregunta la más esencial, aquella en la que está jugándose verdaderamente la decisión? ¿O hay otra pregunta con dos alternativas más esenciales?

➤ (Quizás más adelante descubráis que en realidad hay otra pregunta más esencial que subyace en la decisión. No pasa nada... ¡Es un gran descubrimiento! Volved al comienzo, formulad nítidamente las dos nuevas alternativas y reiniciad el proceso).

1. *Primer tiempo*. Mirad las alternativas en pareja o familia. Si todos lo veis clarísimo y sin ninguna

duda, entonces estáis decidiendo «a la primera» o en un «primer tiempo».

2. *Segundo tiempo.* Pero quizás aún no lo veis claro. Entonces hace falta decidir dándonos un «segundo tiempo»: dadle vueltas, pensadlo, rezadlo, preguntad, leed, consultad, dialogad una y otra vez, daos tiempo. Quizás ahora veis clarísima la alternativa mejor. Habéis decidido en el «segundo tiempo» (como en un partido de fútbol).

3. *Tercer tiempo.* Pero quizás, incluso así, no lo tenéis clarísimo ni es evidente. Entonces entramos a decidir «a la tercera» o hay que abrir un «tercer tiempo». Ese tercer tiempo tiene dos modos.

3.1. *Tercer tiempo, primer modo.* Haced la tabla de pros y contras tal como se indicó en el capítulo y preguntaos ante ella:

- *¿Qué opción es más razonable?* O... ¿Qué es lo que tiene más sentido?
- *Sospechad*: ¿cuál de las opciones sería la más fácil? ¿Cuál daría mayor prestigio, ganancias o poder? ¿Cuál te favorecería más ante los demás, cuál es más cómoda y con cuál tendrías más control sobre otros?
- *Profundizad*: ¿qué decidirías ante lo que consideras más sagrado?

3.2. *Tercer tiempo, segundo modo.* Es posible que ni así veáis todavía clara la decisión. Es momento de haceros las preguntas más radicales (llegar a la raíz más profunda).

- ¿Qué elegiría Jesús de Nazaret?

- ¿Cómo es la persona más buena que podáis imaginar? ¿Qué elegiría ella?
- ¿Cuál es la persona que más os ha querido en la vida? ¿Qué te aconsejaría elegir?
- ¿Qué decidiríais si fuerais a morir prematuramente?
- ¿Qué elegiríais si de ello dependiera todo el sentido de vuestra vida?
- Las personas creyentes son invitadas a dialogar esta decisión en la máxima intimidad con Dios: ¿qué te anima a decidir el mismo Dios?

4. *Tres «binarios» o «bifurcaciones».* Ya tenéis una decisión, pero preguntémonos si hemos tomado un *falso atajo* o hemos escogido el mejor camino. ¿Con cuál de las tres siguientes bifurcaciones se corresponde vuestra decisión? (¿Habéis optado por la raíz más profunda, aquella que lleva al mayor manantial y «no se va por las ramas»?).

4.1. *Primer binario.* Hay una primera bifurcación por la que algunos «huyen» de la elección correcta: aquellos que ante la decisión muestran buenas intenciones, pero no van a poner los medios.

4.2. *Segundo binario.* Hay una segunda bifurcación por la que se «escapa» otra gente: están dispuestos a poner medios para optar por una decisión, pero si no les cambia mucho las cosas (es decir, hacen que la decisión coincida no con lo que es mejor sino con lo que más les conviene: «traen a Dios a lo suyo»).

4.3. *Tercer binario*. Y finalmente hay quien ha tomado esta última bifurcación: buscan que al tomar su decisión nada les mueva a una u otra opción sino lo que les haga amar más. Buscan responder: ¿qué decidiríamos si solo nos moviera el amor? Son indiferentes a sus propias conveniencias o a lo más fácil y cómodo. Solo buscan distinguir qué es lo mejor; no solamente algo bueno, sino lo mejor.

*Gratitud y evaluación*. Si lo que habéis decidido se corresponde con esta tercera bifurcación de caminos (de lo solamente bueno a lo mejor), entonces habéis culminado el itinerario.

– Es momento de dar gracias porque no es fácil ver claro qué es lo mejor...
– Pero evaluad también:
  ○ ¿Cómo podíais haber decidido mejor durante el proceso?
  ○ ¿Qué ha sido lo mejor?
  ○ A la luz de esta experiencia, ¿cómo mejorar vuestras formas habituales de decidir? Se trata de hacer de este modo de discernimiento un modo cotidiano de decisión.

## 5.7. Evaluación

| PREGUNTAS DE EVALUACIÓN | QUINTO TIEMPO: TOMAR DECISIONES |
|---|---|
| ¿Qué palabra resumiría todo lo que he vivido en este tiempo? | |
| ¿Cuál es el sentimiento principal que me queda? | |
| ¿Qué es lo que más me ha sorprendido o he descubierto? | |
| ¿Qué es lo que más agradezco de este tiempo? | |
| ¿Qué podía haber vivido mejor? | |
| ¿Qué aprendí yo? | |
| ¿Y qué creo que aprendimos juntos en mi pareja o familia? | |
| ¿Y qué me gustaría que hiciéramos al respecto de cara al futuro? | |

# 6

# Sexto tiempo:
# la sabiduría del fracaso

> **Objetivos:**
>
> **(1)** Concienciarse de que las faltas o fracasos son oportunidades para aprender de la vida y vivirla con mayor profundidad.
>
> **(2)** No huir de los fracasos ni minimizarlos sino descubrir su significado.
>
> **(3)** Aprender a responder esperanzada y creativamente a los fracasos.

## 6.1. Inspiración

Al comienzo de este sexto tiempo vamos a descubrir a *La famille Bélier*[1]. Esta comedia fue un éxito interna-

---

[1]  É. Lartigau, *La famille Bélier*, Mars Films. Distribución: Mars Distribution, Francia, 2014.

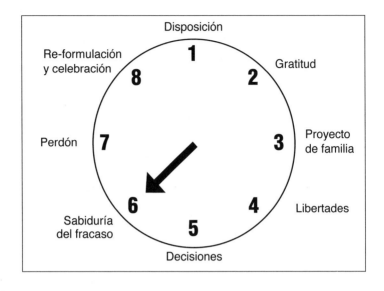

cional del cine francés y ganó diversos premios como el *César*, el *Lumière*, el *Magritte* o los Globos de oro. Fue dirigida en 2014 por Éric Lartigau. En ella se nos presenta la historia de una familia rural francesa en la que ambos componentes de la pareja y su hijo pequeño son mudos. La hija mayor, sin embargo, puede hablar. Siempre han vivido muy unidos y protegiéndose unos a otros. La hija va a terminar la secundaria y se plantea marcharse de la localidad para estudiar canto en una prestigiosa escuela de música. Los padres se rebelan contra esa posibilidad y la madre llega a preguntarse si acaso no será una maldición que su hija no sea muda como ellos. Aconsejamos ver tres fragmentos. Visionar el tráiler de la película ayudará a formarse una idea general del argumento (2:32 minutos). Luego, quizás se podría visionar la escena en que la madre se enoja mucho con la hija, ella va a ver a su profesor de música y le anuncia su intención de abandonar sus deseos de dedicarse a la música (en el metraje de la película sucede entre los minutos 1:03:37 y 1:07:55). Finalmente, es emocionante escuchar la escena en la que la hija hace el examen ante el jurado que va a aceptarla en la escuela. Los padres asisten a la prueba y ella decide cantar una pieza que habla expresamente del drama que se está viviendo en el hogar, la canción *Je vole* (3:36 minutos). Es importante ver la película con subtítulos en el idioma de los participantes.

## 6.2. Marco

El fracaso es una vivencia muy común para la mayoría de los mortales. El 99% de la humanidad ha vivido en profundidad experiencias de fracaso; el 1% restante está internado en un centro psiquiátrico o debería estarlo. Porque aceptar que fallamos es algo absolutamente necesario. La primera liberación de la pareja procede de ese reconocimiento. Reconocer que fallamos cada uno al otro y que también fallamos juntos a los demás es liberador. Pero nosotros no somos nuestros fallos: somos mejores que nuestros problemas. Es bueno tanto reconocer que cometemos errores como también distanciarnos de ellos. Somos nosotros quienes faltamos, pero nosotros no somos nuestras faltas. Lo crucial no es si hay o no fallos: los hay, en distinta medida y alcance. El asunto es qué hacemos con ellos y desde ellos. La clave es aprender a vivir en la riqueza y la pobreza...

En ningún sitio se nos ve tanto como en el hogar: se nos ve desde dentro y en toda nuestra oscilación de buenos y malos momentos. En casa nos miramos unos a otros desde el interior y la exposición es casi total. Nadie está tan cerca de ver cómo somos y nadie recibe con tanta proximidad e inmediatez nuestros comportamientos y reacciones. En el hogar es donde hay una visión más integral y profunda de lo que somos y hacemos. Se nos vive desde dentro, incluso aunque en casa tratemos de estar fríos y distantes. En el hogar hay respeto, pero casi no distancia. Así pues, es en la familia donde damos lo mejor de nosotros mismos. Y también es donde más cerca se ven nuestros fallos y miserias. Si esa desnudez en el hogar es soportable es porque, además de una mirada cercana, nos relacionamos desde una mirada misericordiosa al otro.

Eso no elimina el dolor: quien ama, se hace vulnerable al otro. Las cosas nos duelen porque amamos. Si no amáramos, no sufriríamos, sino que meramente reaccionaríamos. Si algo duele, es signo de que hay un corazón que anhela. De quien no esperamos nada, no nos duelen las cosas. Pero el sufrimiento es una dimensión de sentido y nuestras formas de interpretar cambian el modo en que nos dolemos. Quizás debamos cambiar la perspectiva desde la que vemos nuestras pobrezas. No como una contabilidad de fallos, errores y desventajas, sino como una fuente de sabiduría y compasión. Eso no elimina el dolor. Lo que sí puede cambiar es su significado y qué hacemos con ello.

La experiencia de fracaso no solo sucede cuando hacemos mal las cosas, sino debido a los propios límites de la vida. La propia ley de vida nos marca momentos que, aunque necesarios –como cuando los hijos se van del hogar–, no dejan de producir dolor. Las fuentes de frustración son muy diversas, pero todas llegan a un mismo lugar: el corazón.

La primera medida ante el fracaso no es la perfección sino la humildad: sabernos pobres. Tan pobres que no podemos garantizar que no fallaremos al otro. La pobreza primordial del hombre es que hace el mal incluso queriendo lo contrario. El reconocimiento de esa precariedad es un paso crucial para vivir como auténticos humanos. La pareja es compartir en la pobreza y la riqueza, la salud y la enfermedad; compartir todos los días de nuestra vida. La pareja implica compartir esa pobreza.

El fracaso se muestra con su rostro más duro cuando uno vive fuertes derrotas en el hogar porque se ha pasado con un enfado, se ha negado a algo importante, ha sido infiel, no trata bien a la familia o no presta atención a nadie salvo a sí mismo. También hay crisis cuando el proyecto de familia se quiebra o cuando la familia está autocentrada y no es una comunidad abierta y solidaria, creadora de valores. La frustración como familia es fuerte y la gente se resiente. Suele ser entonces cuando la crisis deteriora los vínculos y provoca heridas que debemos sanar y superar.

En la familia vivimos a flor de piel. La íntima convivencia hace que la unión sea intensa, pero también que continuamente contactemos con nuestros límites como individuos y como grupo. Con frecuencia el Reloj de la Familia se atasca cuando pasa por esta hora de los fracasos. A veces el voluntarismo hace que queramos pasar aceleradamente sobre ellos y ese adelanto nos hace «desincronizarnos» con el otro. Otras veces no podemos mirar cara a cara a nuestros límites y eso nos hace atrasarnos y vivir a deshora. Hay quien, finalmente, se atranca en el fracaso y el Reloj se detiene en los momentos más bajos de la familia.

El contexto cultural no siempre ayuda, porque el fracaso se estigmatiza, se expulsa, parece algo inasumible que no puede estar presente. Pareciera que solo podemos soportar una imagen no solo positiva, sino exultante y triunfante, de nuestra vida. Al ser así, ignoramos no solo algo sustancial de la condición humana, sino que rechazamos una de las mayores fuentes de humildad, innovación, mejora y sabiduría en nuestra vida. El fracaso es escuela de sabiduría, es un lugar de aprendizajes, pero a veces lo escondemos. En la familia no es extraño que tengamos miedo a que nuestros fracasos nos hagan menos queridos, nos hagan perder al otro; que sintamos temor de traicionar su confianza o decepcionar sus expectativas. El miedo es el peor amigo cuando fracasamos y, sin embargo, es de los primeros en hacerse presente.

Los momentos de debilidad nos hacen especialmente conscientes de lo vulnerables que somos. Ignacio de Loyola experimentó que nadie es inmune al fracaso y que, cuando uno está en momentos bajos, se percibe con mucha mayor sensibilidad la fragilidad. Uno sabe mejor que necesita cuidar la vida porque no está en nuestro poder estar siempre felices. Durante los periodos de desasosiego en la familia profundizamos en el compromiso de cuidarnos mejor. Las crisis e impactos pueden ser un bache en el que rompernos, pero también una oportunidad para hacernos más humanos y compasivos. Los momentos bajos son tiempo para sensibilizarnos y para crecer en el amor. El amor se pone a prueba y quien apuesta por él saldrá fortalecido. Puede que no logre mayor éxito –con los hijos, en el trabajo, en las relaciones sociales...– pero podrá intensificar su amor de pareja y familia. Así se cumple aquello que decía Pablo de Tarso y que tan útil es para guiar la vida de una familia: *nada nos podrá separar del amor*. Eso, sin embargo, no sucede espontáneamente, sino que es necesario un trabajo interior, roturar y sembrar la tierra para que crezca la flor de la paz.

Nadie es inmune a perder en la vida. Puede que una pareja o familia goce de una gran autoconfianza, tenga mucha seguridad en sí misma e incluso se permita sentirse exitosa. Todos sabemos que «hasta en las mejores familias...» los problemas anidan. Y esos problemas son más graves cuando la familia se siente intocable por el fracaso o aparece la arrogancia de que todo vaya tan bien. A poco que profundizaran, verían que es una actitud inadecuada que comporta muchos riesgos y que posiblemente daña a otros. Quizás se puede detectar en cómo hablan de otras familias, o viendo qué pasa cuando un miembro del hogar no cumple las expectativas establecidas. No hay que buscar los momentos bajos de la vida, pero cuando llegan nos pueden ayudar a ser más humildes y conscientes de lo vulnerables que somos, nos hacen más humanos y compasivos, y nos llevan a darnos cuenta de que no podemos andar sin amor por la vida.

¿Hacia dónde va el camino que sale de los fracasos? Una pareja no se conoce hasta que fracasa junta y lo supera. Superarlo no quiere decir olvidarlo ni ignorarlo, sino aprender de ello y ponerlo al servicio de la libertad, la esperanza e incluso de un mayor amor por la vulnerabilidad del otro. El fracaso no es el momento para lamernos las heridas ni para el victimismo, no es tiempo para retraernos ni para quedar aplastados, sino para la imaginación y creatividad.

Sabemos lo fácil que es fastidiarla cuando vivimos con tanta intimidad y es bueno estar atentos a ello[2]. Pero también tenemos que vivir sabiendo que el bien es más fuerte que el mal, la alegría más profunda que la tristeza y que siempre hay suficiente esperanza como para tirar de nosotros, estemos en el momento que estemos. Nunca nada en la familia podrá obligarnos a no amar.

El problema con los conflictos en las familias es que nunca son abstractos, sino que siempre tienen nombre propio. Todo es intensamente personal. En la familia hay tanto que es personal que no es bueno que convoquemos también a nuestro ego. En el hogar a los egos hay que dejarlos fuera, igual que mucha gente no quiere que en su casa se entre con los zapatos puestos. Todo es tan íntimo que es bueno saber nuestros límites y no poner a nadie en situación de que no dé más de sí. Si sabes que tras tres días de convivencia tus suegros se ponen nerviosos, evita llegar al cuarto día. Si has experimentado una y otra vez que cuando se habla de política discutes con tus hermanos, trata otros temas. Debemos conocer nuestros límites y no forzarlos para evitar que nadie se salga de sus casillas[3]. Además, debemos ser indulgentes con lo pequeño porque, cuando se está siempre tan cerca, hay muchos roces fruto de la propia convivencia. Si lo banal vamos a perdonarlo

---

[2] *Ejercicios Espirituales*, primera semana, ejercicio 1, preámbulo 2.
[3] *Ibid.*, segunda semana, ejercicio 8, primer diálogo.

tarde o temprano, ¿por qué tenerlo tan en cuenta? El buen humor suele ser la mejor medicina contra esos pequeños fracasos de la vida cotidiana.

Que somos poco, que la vida es breve y que el amor es gigante a nuestro lado, es algo que siempre deberíamos tener en cuenta cuando pensamos las relaciones fallidas[4]. Es bueno comparar la grandeza del amor y la familia con la pequeñez de nuestros enfados o pretensiones[5]. Cuando los vínculos experimenten fracasos, es bueno que recordemos lo larga que es la aventura de una familia, desde que nacemos y desde mucho antes: las relaciones entre tatarabuelos, bisabuelos, abuelos, nuestros padres y todas las generaciones que seguirán. La familia es algo que nos trasciende y en ella somos un eslabón que tiene que recoger el mundo y dejárselo a hijos y nietos mucho mejor de como estaba. Cuando tiras piedras contra alguien de tu familia, las tiras siempre al final contra tu propio tejado. Es bueno unir y trabajar –incluso contra nuestra propia inclinación– con esfuerzo por la paz y la unidad[6].

Que fracasaremos una y otra vez es claro: la clave es qué vamos a hacer con ello. Lo primero es posiblemente dolernos de las cosas[7], no ser indolentes ni minimizarlo todo con tal de no enfrentar los fallos. Hay que dolerse de los problemas. No falsamente ni sobreactuando ni retóricamente, sino que nos duela ver al otro que sufre o que hace sufrir al resto de la familia.

---

4   *Ibid.*, primera semana, ejercicio 2, punto 3.
5   *Ibid.*, primera semana, ejercicio 2, punto 4.
6   *Ibid.*, primera semana, ejercicio 2, punto 5.
7   *Ibid.*, primera semana, ejercicio 2, petición.

Dolerse de ello es sanador y movilizador[8]. Entonces deberemos poner en marcha todas las energías de la hospitalidad, acogernos incondicionalmente, apelar a la misericordia, la compasión. Ante los fallos o pérdidas, es clave la humildad como familia respecto a todo lo que se tiene que aprender. Disponernos a aprender del otro. No creernos que lo sabemos todo del otro: siempre hay algo más profundo que descubrir[9]. Es el momento de la confianza, del aprendizaje mutuo[10] y de poner nuestro barco en dirección al perdón y la reconciliación.

### 6.3. Ejercicio: los fracasos no son tierra quemada sino tierra sembrada

En esta ocasión proponemos un breve ejercicio. Las parejas o familias deben tomar un papel en blanco y un solo bolígrafo o un lápiz. Deben tomar todos juntos ese bolígrafo, cada uno con una mano. Y todos juntos deben dibujar una casa, con su puerta y sus ventanas, y dibujarse a ellos mismos también en esa escena.

Quizás al comenzar a dibujar comprobaremos que es solo uno el que decide o domina el dibujo. Pero no hemos pedido que lo haga solo uno, aunque sea acompañado, sino que lo hagáis entre todos los miembros de la familia. Sentiréis en el ejercicio que hay dudas, errores, que se empuja en distintas direcciones, que hay quien se deja llevar y quien quiere llevarlo todo.

---

[8]  *Ibid.*, primera semana, ejercicio 3, composición de lugar.
[9]  *Ibid.*, primera semana, repetición de los ejercicios 1 y 2, primer diálogo.
[10]  *Ibid.*, segunda semana, ejercicio 7.

Habrá personas para quien sea más importante hacer bien el dibujo que hacerlo juntos. Hacer este ejercicio nos lleva a pensar muchas cosas y quizás las siguientes preguntas nos ayudarán a evaluar qué ocurrió al hacer el dibujo.

- *¿Cómo me he sentido al hacer el dibujo?*
- *¿Es el dibujo que queríamos hacer o es distinto?*
- *¿Qué podía haber salido mejor?*
- *¿Cómo estamos dibujados nosotros mismos?*
- *¿Qué es lo mejor que ha pasado mientras hacíamos el dibujo?*

La vida nos marca siempre límites, suceden cosas que no deseamos, tenemos que atravesar adversidades y además, a veces, hacemos mal las cosas. Pero lo importante no es fracasar sino ¿qué aprendemos de ello? Los fracasos son parte de la naturaleza humana y aprender es lo que podemos hacer con ellos.

La segunda parte del ejercicio nos lleva a una conversación profunda sobre cómo aprendemos cuando nos duelen los límites, las frustraciones, cuando hacemos mal las cosas o fracasamos en los intentos. Unas preguntas pueden ayudar:

- *¿Qué se ha ido desgastando con el tiempo en la familia?*
- *¿Cuáles han sido los principales fracasos, las crisis más complicadas, cuáles son los sueños rotos?*
- *¿Qué no tiene solucionado la familia todavía? ¿De qué pérdidas no se ha recuperado? ¿Qué divisiones todavía están esperando un puente?*
- *¿Qué tenemos pendiente como pareja o familia?*
- *¿Qué se hace cuesta arriba, pesado?*

- *¿Cómo miramos, cómo afrontamos estas situaciones?*
- *¿De qué fracaso de nuestra vida común hemos aprendido más? ¿Y por qué en esa ocasión aprendimos tanto?*

Vamos a pedir a las parejas o familias que hagan un gesto muy sencillo. Hay que tomar un papel y doblarlo de modo que se formen una especie de surcos o pliegues. En la imagen anterior aparece el tipo de diseño que queremos que se haga. Cada miembro de la pareja (o de la familia) doblará un solo pliegue y se lo pasará al otro para que haga el siguiente y así sucesivamente.

Ese papel simboliza un sembrado con sus surcos. Se va a escribir por un solo lado. Cada uno escribirá qué quiere superar de los fracasos, límites y desencuentros que le duelen o le han dolido. Uno escribirá algo en uno de los pliegues y se lo pasará al otro para que lo haga en el siguiente pliegue y así sucesivamente hasta que todo esté escrito. Es importante leer despacio lo que hemos escrito, pero no hace falta comentarlo, sino simplemente escribirlo. Guardad con cuidado este papel porque vamos a usarlo en el tiempo siguiente. El símbolo del sembrado es importante porque nos descubre el valor último de todo fracaso: ser tierra o abono para que crezcan nuevas semillas. *Los fracasos no son tierra quemada sino tierra sembrada.*

### 6.4. Compartir

Para compartir vamos a ser muy discretos porque este tiempo es especialmente delicado y hay que ser muy respetuosos con la intimidad de cada pareja o familia. Simplemente vamos a dibujar en la pizarra o en el papel un sembrado y propondremos a cada uno decir una de las palabras que considere más relevantes de todo lo que la pareja o familia han escrito en su sembrado. Cada una de las contribuciones la escribiremos en los surcos de modo que todas quepan.

### 6.5. Evaluación

Como al compartir el ejercicio ya se ha dicho una sola palabra, ahora vamos a variar. En la evaluación vamos a cumplimentar la ficha y luego comentaremos en voz alta uno por uno la séptima pregunta: ¿qué creo que hemos aprendido juntos?

| PREGUNTAS DE EVALUACIÓN | SEXTO TIEMPO: LA SABIDURÍA DEL FRACASO |
|---|---|
| ¿Qué palabra resumiría todo lo que he vivido en este tiempo? | |
| ¿Cuál es el sentimiento principal que me queda? | |
| ¿Qué es lo que más me ha sorprendido o he descubierto? | |
| ¿Qué es lo que más agradezco de este tiempo? | |
| ¿Qué podía haber vivido mejor? | |
| ¿Qué aprendí yo? | |
| ¿Y qué creo que aprendimos juntos en mi pareja o familia? | |
| ¿Y qué me gustaría que hiciéramos al respecto de cara al futuro? | |

# 7

# Séptimo tiempo:
# perdón

**Objetivos:**

(1) Profundizar juntos en la conciencia de que el perdón es imprescindible, nos libera y humaniza.
(2) Suscitar el deseo de vivir con mayor profundidad el perdón con sencillez.
(3) Abrir el horizonte del perdón a la reconciliación de la propia familia con el mundo mediante el servicio.

## 7.1. Inspiración

En este penúltimo tiempo séptimo, ofrecemos visionar un corto animado titulado *Head Over Heels*[1] (*Pa-*

---

[1] T. RECKART, *Head over Heels*. Producción: The National Film and Television School. Reino Unido, 2012. 10:18 minutos. https://vimeo.com/54228768

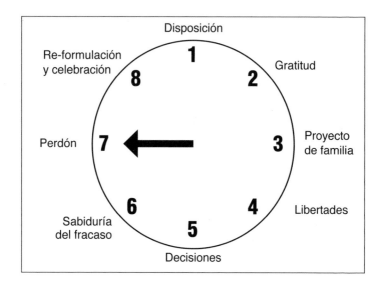

*tas arriba*). Fue nominado a los Óscar y ha sido merecedor de varios premios internacionales en festivales como Cannes, *Anima Mundi* o Hiroshima. Fue escrito y dirigido por Timothy Reckart en 2012 y cuenta la historia de una pareja que con los años se ha distanciado. Tanto que cada uno vive en un piso distinto de la casa. Son dos personas que conviven, pero al revés. Los momentos de contacto entre ellos son motivo de disputa, y eso frustra incluso los intentos de reconciliación. El video es una conmovedora historia sin finales idealistas, que nos enseña que siempre podemos dar pasos o poner «zapatos» para convivir con amor incluso a pesar de nuestros «reveses» y de que no seamos perfectos.

## 7.2. Marco: la vida siempre puede más

La vida puede mucho más que todos nuestros fracasos y divisiones. La vida puede más que las fuerzas que creemos hay en nosotros. La vida puede más que nuestra pobre esperanza. La vida llega más allá de donde creemos que nuestros pasos pueden llegar. La vida puede más que nuestras expectativas, a veces demasiado cortas. La vida puede más que nuestras desconfianzas, nuestra baja autoestima, nuestros rencores e incapacidades para perdonar. Confiemos en la vida, porque ella puede más. La vida puede más, también allí donde no nos da para más la vida. La vida puede sostenernos más, puede elevar más nuestra mirada, puede llevarnos más allá de donde creemos que podemos llegar. No demos nada por perdido, porque la vida siempre puede más.

Puede que el conflicto nos haya desangrado y desgastado las fuerzas, que el río se haya llevado parte de lo que fuimos, las confianzas o la fe en el otro. Pero nada hay perdido si venimos a ofrecer nuestro corazón.

Aunque fracasen cosas en nuestra vida, eso no significa que fracase el amor. El amor que se ha puesto nunca se pierde, nunca es inútil, nunca es para nada. En los fracasos no tiene por qué fracasar el amor: puede que sea momento precisamente para amar más, para amar hasta en los momentos más duros. ¿Qué significa amar cuando tocan las horas más duras de la vida? Es la hora de la incondicionalidad. Es el momento en que se pone más a prueba el amor y este crece para hacerse más fuerte. Hay algo que ningún fracaso puede quitarnos: el amor, que es incondicional, irreductible, resistente a todo. Los fracasos son el momento en el que el amor queda al desnudo en toda su belleza y fortaleza. Somos pobres y vulnerables, sí, pero en el amor tenemos toda nuestra fuerza intacta. Es el momento del abrazo.

## La primacía del abrazo

La primacía del abrazo es un principio hondamente asentado en la Biblia. Ante los conflictos, los desgastes, los fracasos, las faltas, las deudas, los reproches o las desconfianzas, el relato evangélico del Padre Bueno nos exhorta a dar primacía al abrazo. Que lo que no son capaces de decir nuestras palabras lo pronuncien los abrazos.

En la familia constantemente los abrazos hablan, antes y más que cualquier palabra. Muchos desencuentros los salvamos por el abrazo. A veces es ponernos de nuevo al lado del otro, un gesto cariñoso que restaura el contacto o un beso que vuelve a abrir todas las puertas. Muchas veces necesita uno mucho tiempo para poder pedir perdón o perdonar. No eres capaz de decirte a ti mismo que estabas equivocado, o de decir a los otros lo mucho que lo sientes. O no eres capaz de explicarte las cosas. O puede ser que sigas considerando que tienes toda la razón pero, por muchas justificaciones que puedas armar, si hay algo que tienes claro es que nada compensa los enfados, el dolor y la separación creados. Por encima de las ideas, las razones, las deudas o los rencores, está la verdad del abrazo. Un brazo es la esperanza del perdón y el otro es el amor incondicional: se unen cuando rodeamos al otro y nos entregamos a él. Porque el abrazo es ante todo entrega al otro, aceptación incondicional, hospitalidad en el propio cuerpo, amor entrañable: es constante reencuentro de lo mejor de nosotros mismos con lo mejor del otro. Nada mejor podemos hacer que abrazar. Cuando no sepamos qué decir, cuando no podamos decir lo que deseamos, cuando no hallemos palabras o razones para el perdón, abracemos. Ante cualquier desencuentro, practiquemos la primacía del abrazo.

## El perdón nos hace crecer

No es lo mismo reconciliación que perdón. Puede haber perdón sin reconciliación. Perdonar puede ser unilateral, mientras que la reconciliación requiere de ambas partes. Puedes perdonar incluso aunque no sea aún el tiempo de la reconciliación. Pero perdonar no depende del otro, sino que es una decisión que tomas tú. Es cierto que perdonar no es solo decisión propia, sino que a veces tiene que pasar tiempo, tienen que serenarse los sentimientos, tiene que reducirse el conflicto para poder razonar, tiene que buscarse la verdad... O no, simplemente tienes un sentimiento interno que anhela y te exige perdonar, incluso aunque la razón no haya dado ese paso. De igual modo, pedir perdón no requiere del otro, sino que es decisión y maduración propia. A veces se hace pese a que sabes que el otro no está preparado para perdonar o no quiere hacerlo. Desarmarse o bajar esas armas es quizás el primer paso para perdonar. Con las manos armadas nunca podremos abrazar.

El perdón no es hacerse de menos, sino que es el amor buscando sitio para crecer. La naturaleza del amor le lleva a crecer siempre: anhelamos una unión total con el otro. Es algo que está en nuestro corazón desde muy jóvenes: buscamos el amor absoluto. Aspiramos a alcanzar con el otro una entrega incondicional y plena complicidad. Ante ese amor que crece y quiere ocuparlo todo, los egoísmos no caben: ocupan un sitio que el amor siempre quiere llenar. Por eso se producen conflictos: el amor expulsa todo lo que es incompatible con él. Dentro de nosotros y en nuestro hogar, los egoísmos se tensan y nos rompen, en nosotros entra en crisis lo que no es amor. En ese espacio que se rasga y abre con conflicto, hay una llamada a amar aún más. Los errores, fracasos y desencuentros son oportunidades que rompen los muros que ponemos, y así el amor pueda crecer más. No son las faltas las que nos hacen caer, sino que es el amor, que pide tenerlo todo para sí y nos hace abrirle paso. La reconciliación consiste en dejar que el amor entre allí donde el egoísmo ha dejado huecos. No se trata de dar lugar a las acusaciones y culpabilidades, sino de apresurarse a poner amor donde se han abierto vacíos.

Pero bien sabemos que no es tan fácil como suena. Muchas veces estamos perdidos en un laberinto que hemos construido poco a poco a lo largo de muchos meses o años y no somos capaces de reencontrarnos. En otras ocasiones, nos hemos ido jugando malas pasadas que forjan a nuestro alrededor una jaula de la que no sabemos salir. Hemos tirado la llave fuera y estamos prisioneros de una trampa que nosotros mismos hemos cerrado. Hay un modo de cazar ciervos que les hace avanzar entre maderas que cada vez se cierran más, y en la cuña final esperan los tiradores. Los ciervos no quieren hacer frente a los perros que les persiguen y no se plantean saltar hacia los lados y salirse de ese camino que les encierra. Algo así les pasa a los peces: les encierran en una red y no se les ocurre ir en otra dirección que no sea hacia el fondo de la trampa. Esto nos sucede a veces en la vida de pareja: poco a poco, casi imperceptiblemente, vamos añadiendo trocitos a la jaula. Quizás no les damos importancia por separado, pero progresivamente nos van cerrando salidas. Somos tolerantes con los pequeños fallos y distancias, pero puede llegar un momento en que se han creado costumbres o malos hábitos que no nos dejan ser como queremos ser.

A veces, en las praderas se encuentran los esqueletos de ciervos que murieron presos cada uno del cuerno del otro. Se habían enfrascado en una refriega tal que sus cornamentas se habían enredado. Cada uno tiraba para sí y no lograron parar y pensar para poder liberarse. Uno contra el otro, se condenaron a morir de hambre, ya que atacar al otro se convirtió en su peor condena. Lo mismo pasa a veces en la pareja o la familia: nos enredamos demasiado en los conflictos y nos enganchamos tanto con el otro que nadie quiere ceder. Así, sin ceder ninguno, quedamos presos del enfado o el orgullo y la pareja o las relaciones familiares perecen por no retroceder y pensar cómo salir de tal irracionalidad en la que todos pierden –y quizás lo pierdan todo–. La reconciliación es el arte de desenredarnos de las trampas y reencontrarnos. El perdón trata de separar los cuernos y juntar los abrazos.

No es muy extraño que nos incapacitemos para perdonar. No se trata de buscar excusas o atenuantes, pero a veces nuestro estancamiento es tan profundo que la elección entre una y otra cosa no se produce: simplemente la persona no se imagina otra alternativa. Quizás la pasividad, el desinterés, el descuido o el desprecio han sido decisiones previas cuya consecuencia es que realmente la persona no es consciente de que pudiera hacer las cosas de otra manera. Avanzar hacia el perdón requiere en esos casos un trabajo de despertar, de activación. No pocas veces la incapacidad para pedir perdón es el resultado de la alienación. En esos casos, el perdón no solo es una consecuencia; quizás es un buen motivo para que el otro salga de la apatía.

## Sencillamente pedir perdón

Quizás el principal consejo para pedir perdón sea el de ser sencillo. Pedimos perdón porque sencillamente somos humanos. Cuando tenemos que pedir perdón, se activan muchas defensas en nosotros. Decenas de razones alzan sus lanzas en el castillo de nuestro ego y tratan de que no lo abramos al otro. Cuando nuestro ego es grande y lo hemos engordado, se vuelve temeroso y muy vulnerable a cualquier adversidad. Se encastilla ante cualquier problema y se defiende con todas las tácticas posibles. El perdón es uno de los más temidos adversarios del ego porque lleva a la persona a reconocer que no somos infalibles ni somos dioses ni continuamente héroes. Así, lo primero que hará será tratar de convencernos de que tenemos toda la razón para haber actuado como lo hemos hecho. Si gritamos, nos mostramos iracundos o fríamente decimos algo desagradable, el ego nos dice que no hemos hecho mal porque era necesario, se te ha provocado o así se te respeta. Por ejemplo, si los chicos no estudian y suspenden y tú les das un cachete, el ego tratará de tapar con fuerza cualquier asomo de arrepentimiento. Usará para ello cien argumentos: «Así aprenden», «Me sacan de mis casillas», «Se lo han buscado», «Al final te fuerzan a lo peor», «Es doloroso pero necesario», «Es normal», «No pasa nada», etc. Le dará la vuelta a todo para que parezca que tú siempre tienes razón y nada de lo que arrepentirte. Pero también llega un momento en que el ego duerme y entonces se escucha la voz de la conciencia. Uno sabe que aquello no estuvo bien. Quizás no puedas decírtelo muy alto o muy claro. Quizás te venga a la cabeza y te digas: es cierto, pero no quiero darle vueltas. Pero poco a poco se las darás y serás consciente de los verdaderos hechos y su significado. Quizás el enfado no te permite serlo mientras está caliente, pero cuando enfríe, uno se dolerá de lo que ha hecho. San Ignacio diagnosticó bien esta situación cuando decía que un mal espíritu nos mueve a negar u ocultar a los otros e incluso a nosotros mismos cualquier mal que hayamos hecho.

Pero el ego no se rinde, aunque uno tenga claro que aquello que hizo está mal. Viene entonces una segunda fila de soldados del castillo para defenderlo. Esta segunda línea defensiva es quizás más frecuente en las parejas. Puede que la persona ya haya reconocido que algo hizo mal, pero el ego nos tratará de convencer de que no es necesario pedir perdón. Puede que intentemos persuadirnos de que en una pareja todo se tolera; que la confianza supone no tener que pedir perdón por ciertas cosas; que es mejor dejarlo pasar y ya está; o que con volver a ser agradable ya se supone que has pedido perdón. Mas la conciencia es pertinaz y se la puede enmudecer, pero no todo el tiempo. Aunque tu pareja no te eche en cara nada e incluso no lance signos de su malestar, uno sabe que sería mejor pedir perdón. Entonces el ego lanza a su tercera y última fila de soldados, también eficaces para tratar de que desistamos de pedir perdón. Esa tercera barrera para que el perdón no entre en el hogar apela a la pereza, al olvido o la vergüenza.

La pereza es el primer inhibidor: puede que queramos pedir perdón, pero siempre lo dejamos por pereza para más adelante, hasta que ha quedado demasiado atrás y a uno le parece que carece de sentido desenterrar viejas cosas. Ignacio de Loyola advierte contra esa trampa: se trata de dejar todo tan para adelante que ya se quede demasiado atrás. Por eso aconseja prontitud para hacer el bien. El olvido también trabaja eficazmente para no dar paso al perdón: uno trata de olvidarse y si alguien se lo recuerda dice «¿aún con eso…?». Uno se hace el olvidadizo. Ya que no puede asumir la responsabilidad, trata de que desaparezca y se olvide.

Pero si algo hace realmente la contra al perdón es la vergüenza. El perdón se quiere ver como algo cursi, antinatural, que uno no sabe cómo empezar. La sencillez sería el mejor camino para comenzar. Pedimos perdón porque sencillamente somos humanos.

El perdón nos ofrece una oportunidad de conocernos mucho mejor a cada uno y a la pareja. Pasan por uno muchos sentimientos, remueve muchas cosas en la relación. Quizás cosas que, cuando no hay problemas, están ocultas, emergen a la vista cuando hay motivos para pedir perdón. Entonces, el perdón es una pala que nos permite desenterrar lo olvidado, lo oculto, lo dormido. Aunque uno no lo está pasando bien en esas circunstancias, Ignacio de Loyola señala que se saca mucho provecho, porque el corazón se abre de par en par.

Es frecuente que tan difícil como pedir perdón sea el perdonar. Con frecuencia es más difícil, puesto que, si bien hay una presión social para que pidas perdón, se es mucho más indulgente con el deber de perdonar. Es más: no hay deber alguno. Sin embargo, es necesario perdonar. Tampoco aquí se debe dar nada por supuesto. No vale decir: «Fue hace mucho tiempo, ya se supone que le he perdonado». Pese a ello, las personas arrastramos en nuestro interior cadenas a veces inconfesables por no haber sido perdonados. También hay que aprenderlo: hay que aprender a no ser perdonados, es otra dura lección sobre la libertad de las personas. Pero, aunque haya pasado tiempo, es bueno hacer saber al otro que hemos perdonado: aunque parezca que se vive como si no fuese necesario, es imprescindible para vivir con mayor pureza el amor y con más intensidad la esperanza.

El perdón abre el corazón y nos muestra su fondo. La pobreza abre el corazón y nos muestra lo que hay, con sus huecos y también sus dones y talentos. Cuando nos perdonamos, abrimos nuestras almas, nos conocemos mejor y nunca volvemos al punto anterior, sino que crecemos y avanzamos.

## El perdón es signo de libertad

El perdón nos hace crecer como personas y pareja. Una pareja que no se pide perdón no crece. Al pedir perdón, nos encontramos al otro abierto a amar más y mejor. Aunque inicialmente el perdón nos genere tensión e incomodidad, multiplica la paz, contemplamos al otro con mayor misericordia, nos unimos más a él y nos llena de esperanza en que podemos revertir incluso lo peor. El perdón es una enorme experiencia de esperanza: el amor puede con todo.

De este modo, pedir perdón sin duda cuesta, pero uno se ve sobrepasado por una experiencia de redención que le llena de esperanza. Casi siempre es duro tener que pedir o conceder perdón, pero al recibirlo o darlo uno recobra mayor fe en lo humano. Nada está definitivamente cerrado al amor: el amor puede sanarlo todo, superarlo todo, incluso más allá de la muerte. Incluso más allá de la muerte uno puede perdonar a alguien que ya no está o puede pedirle perdón... Si ser agradecido hace comenzar bien las cosas, el perdón logra que nada termine o lo haga mal. El perdón impide que la última palabra la tenga el poder.

Nadie quiere verse en esa tesitura de tener algo por lo que pedir perdón a su pareja o viceversa, pero sucede. Es cierto que es un mal trago, pero si nos vamos al final del proceso, cuando uno ya ha perdonado o ha sido perdonado, estaremos de acuerdo en que no todo ha sido negativo. En el proceso de perdón hemos visto la bondad del otro, que nos quiere por encima de nuestras faltas: el amor gratuito que vive por nosotros. Uno ha podido saber más de sí mismo, sentir esperanza, y ha visto crecer la hondura del vínculo con el otro. El perdón nunca nos lleva al punto anterior al conflicto, sino a un nivel más profundo de donde estábamos. Con frecuencia los procesos de perdón nos hacen ver la grandeza del otro.

También a veces hay que comenzar a pedir perdón dando gracias. Gracias porque, pese a que uno haya hecho daño o tenido un comportamiento inadecuado, el otro no ha hecho lo mismo; el otro ha seguido relacionándose contigo o incluso te ha perdonado aunque tú no hayas mostrado signos de arrepentimiento. Sin embargo, otras veces, hay que pedir perdón doblemente. Primero por la falta, pero quizás sobre todo porque en ocasiones nuestras faltas provocan malas relaciones que llevan al otro a reaccionar mal y también faltarnos. Pedimos perdón también por haber propiciado que el otro cometiera a su vez otra falta.

El perdón es quizás el mayor signo de esperanza: no estamos encerrados en nuestros fracasos ni en los fracasos de los otros. El perdón es una afirmación de la primacía y la irreductibilidad del amor pese a todo. Quizás el perdón es el mayor ejercicio de libertad que pueda haber.

## Tenemos que hablar

El gran logro en los momentos difíciles es no dejarnos de hablar pese a todo. Deberíamos ser capaces de no soltarnos las manos pese a todo. Un único consejo me dio mi madre política al casarme: *nunca te acuestes sin haber dado un beso a tu mujer.* No es fácil sostener esa promesa todos los días de una vida en la que se está sometido a tensiones propias y externas, pero sin duda no deberíamos nunca soltar del todo nuestras manos, cortar amarras ni dejarnos de hablar.

Puede que dudemos si sigue vigente lo que nos unió al comienzo, cuando comenzaba nuestra historia a caminar unida. Entonces nos sentíamos unidos frente al mundo y con tantos años por vivir por delante. Nos prometíamos nunca soltarnos de la mano, no dejar nunca que hubiera una razón para no besarnos. Pero a veces los años no pasan en balde y el desgaste puede tomarnos desprevenidos, puede llevarse las ilusiones y pasiones que no sigamos sembrando. La rutina no perdona. Los tiempos que vivimos son raros, extraños, quizás se han vuelto locos, y nos hacen dudar de todo pese a los muchos años que llevemos juntos. Hay donde se toma el amor a broma o como un juego, donde se frivoliza sobre el amor, pero el desamor no perdona y causa heridas indelebles en las almas, obligadas a atravesar un desierto de soledad.

Hay situaciones de parejas en las que pareciera que ya no bastara el amor para frenar la distancia que aumenta. Casi nunca queremos hacernos daño, sino que son el orgullo o la dejadez los que nos llevan a uno contra el otro. Los silencios que no responden no quieren herir, pero lo hacen, y el otro tiene la sensación de que habla solo, sin nadie más. Es fácil entonces sentirse un barco a la deriva, cada uno a lo suyo. Puede que sintamos que hasta el color que pierden las fotografías y postales que guardamos es símbolo de que también nuestro amor se ha borrado o descolorido.

En ocasiones creemos tener razón y llevar tanta razón nos lleva a la confusión, a reacciones inadecuadas, discusiones, tensiones… El orgullo no debería, pero puede, apoderarse de los sentimientos o confundir incluso aquellos que lograron forjar nuestra vida y levantar los cimientos de nuestro amor, incluso aquel que fue capaz de compartir los momentos más duros en la vida. Quizás corramos el riesgo de creer que todo lo vivido era una fábula, que el amor nunca fue tan profundo como para ahora poder superar las dificultades. Pero hubo tanta entrega y se dio tanto que hay que negarse a ver reducido todo lo amado a carencia o pura ilusión. No se debe olvidar que hay una historia que enfados o despechos no pueden borrar.

El equilibrio de una pareja es muy delicado, es un vuelo común en el que, si se cruzan las alas, no se puede volar; si falta la armonía y chocamos, no es posible el vuelo común. El artista se figura que cuando nos alejamos somos dos estrellas a las que les llegó la noche y se pierden una de la otra siguiendo cada una su camino. Habría que hablar antes de que ya solo nos quede la rabia, las incomprensiones y rebeldías y lo que se muestra quede anegado por lágrimas incapaces de reconocer en ello amor. Pero ¿qué se puede hacer si evitamos coincidir con la mirada del otro? Los ojos huyen de los otros y es casi un acto inconsciente, sin querer. Quizás hay gestos que tratan de decir lo que nuestras bocas no pueden, pero no deberíamos resignarnos a esos meros gestos. Tenemos que hablar porque hay gente que necesita nuestra unión.

Sabemos que aún es hora de reconducir algunas cosas si logramos tragarnos el orgullo y hablar sin demora. Tenemos que ser conscientes de que el paso del tiempo en la vida a veces va rompiendo lazos y tejiendo trampas que nos traicionan. Es algo que vemos a nuestro alrededor: son muchos los amigos que se han separado de su camino común y quizás deberíamos preguntarnos si es posible que nos pase también a nosotros. Tenemos que hablar de qué estuvo mal, repasar los detalles. No hacen faltas grandes ni muchas palabras, tan solo las justas y suficientes para que no nos ocurra y marcar una diferencia contra lo que a veces parece casi inevitable.

Deberíamos sentarnos juntos y simplemente escuchar al otro una y otra vez. Quizás al comienzo surja el dolor mezclado con el amor, el anhelo con la herida, pero al menos consolémonos en que estamos hablando y un gesto tan sencillo puede marcar la diferencia y evitar que nos desunamos más. Es muy necesario hablar, algo que nunca está de más, no sobra ni se agota. Tenemos que hablar.

## Familias para los demás

Servir juntos a otros es una forma de descubrir en nosotros nuevas energías de amor que nos llevan al perdón. Toda nuestra búsqueda de perdón y reconciliación respira mucho más profundamente cuando no la pensamos solamente encerrados entre dos, sino que la comprendemos como parte de la reconciliación del mundo. Nos sentimos llamados a participar en la construcción de un mundo mejor y eso trasciende esos problemas que, cuando estamos ensimismados, nos parecen enormes e insalvables. Quizás nos haga falta salir de nosotros mismos, movernos en un marco mayor, sentirnos no tan centrados solo el uno en el otro o en los demás familiares, sino cuidarnos mejor pero en una misión mayor. Esa misión mayor nos ayuda a perdonar y superar las divisiones. Quizás sea bueno incluso que hagamos juntos una experiencia de servicio a otros como voluntarios. O que miremos de un modo nuevo nuestros problemas en diálogo con gente que sufre problemas mucho mayores, a los que juntos podríamos servir mejor que divididos.

Reconciliarnos entre nosotros es reconciliarnos con el mundo y conforme nos reconciliemos con el mundo, así nos reconciliamos entre nosotros en la pareja y la familia. La reconciliación en la pareja o familia no queda en la relación privada, sino que nos solicita una reconciliación más integral. En primer lugar, el primer paso que debemos dar es reconciliarnos con nosotros mismos porque un conflicto con la pareja o con un familiar te divide también a ti internamente. Eso que está dividido te pide que haya perdón para poder sanar tu fractura interna. A la vez, dos familiares divididos son una tensión que divide a toda la familia y cuando se reconcilian, toda la red familiar gana al fortalecer su cohesión. Y cuando soldamos de nuevo las divisiones del amor, estamos a la vez haciendo una humanidad algo más reconciliada.

Estamos con muchos otros y la familia está llamada y enviada[2] a ser constructora de un mundo que necesita amor, una nueva generación que lo renueve, compromiso con estilos de vida sostenibles y solidarios... ¿En qué se compromete la familia, a favor de qué está? ¿Cuáles son sus vínculos, las experiencias a las que se presta? ¿A favor de quién se pone? ¿De qué hace bandera la familia[3]? La familia es una comunidad de la sociedad civil y como tal tiene responsabilidades no solo respecto a los suyos sino respecto a su tiempo. Los

---

[2] *Ejercicios Espirituales*, segunda semana, ejercicio 8, segunda parte, punto 2.
[3] *Ibid.*, segunda semana, ejercicio 8 (dos banderas), primera composición de lugar.

tiempos del Reloj de la Familia no son solo tiempos internos, sino que conducen a la familia a reconectarse con el tiempo en el que vive.

## 7.3. Ejercicio

Este ejercicio tiene tres partes. En la primera, vamos a respondernos con calma las siguientes preguntas en la intimidad de la pareja o de la familia:

- *En los momentos de crisis, ¿nos resulta posible reconocer y rescatar el deseo de reconciliarnos o tiran de nosotros otros impulsos?*
- *¿Cuál suele ser nuestra forma de reconciliarnos? ¿Cuánto tardamos? ¿Podemos mejorar?*
- *¿Somos capaces de hacer memoria de crisis anteriores en las que nos hemos podido reconciliar? ¿Qué experiencias de perdón tenemos?*
- *¿Qué actitudes nos ayudan a reconciliarnos?*
- *Como padres a veces fallamos a nuestros hijos o tenemos reacciones inadecuadas. ¿Cómo les pedimos perdón? ¿Qué experiencias hemos vivido con nuestros propios padres al respecto?*
- *También como pareja o familia a veces hacemos las cosas mal respecto a otros que no son del hogar (por ejemplo, nuestros suegros, un cuñado, un vecino o un amigo) y a veces otros también nos hacen daño como familia o pareja. ¿Qué experiencias de perdón tenemos al respecto?*

La segunda parte del ejercicio necesita que tomemos de nuevo ese «sembrado» en una de cuyas caras hemos escrito aspectos del tiempo anterior. Ahora se trata de escribir en el reverso qué actitudes o aspectos del perdón queremos vivir. Como hemos hecho en el ejercicio del tiempo anterior, cada vez uno escribe algo en uno de los pliegues y se lo pasa al siguiente. Nuevamente es importante leer todo lo que se ha escrito, pero no es necesario comentarlo. Si la pareja lo desea, es libre de hacerlo, por supuesto.

Finalmente, en tercer lugar, este ejercicio pide a cada pareja o familia que busque en su entorno algo que pueda simbolizar ese estado de reconciliación que quieren alcanzar. Pueden salir al jardín y buscar algo como una flor, hojas, hacer una figura con una rama. Pueden dibujar algo o recortar. Pueden hacerse una foto. Lo más importante es que piensen juntos el símbolo, que sean lo más creativos posible, que se hagan varias propuestas, que elijan juntos una de ellas y que la hagan con cuidado y juntos.

## 7.4. Compartir

Las parejas o las familias presentarán ante los demás el símbolo que han realizado y cuál es su significado.

## 7.5. Evaluación

Según se ha hecho anteriormente, se evalúa primero respondiendo personalmente y luego se comparte en voz alta la primera pregunta.

| PREGUNTAS DE EVALUACIÓN | SÉPTIMO TIEMPO: PERDÓN |
|---|---|

¿Qué palabra resumiría todo lo que he vivido en este tiempo?

¿Cuál es el sentimiento principal que me queda?

¿Qué es lo que más me ha sorprendido o he descubierto?

¿Qué es lo que más agradezco de este tiempo?

¿Qué podía haber vivido mejor?

¿Qué aprendí yo?

¿Y qué creo que aprendimos juntos en mi pareja o familia?

¿Y qué me gustaría que hiciéramos al respecto de cara al futuro?

# 8

# Octavo tiempo:
# re-formular y celebrar

**Objetivos:**

(1) Actualizar el proyecto de familia a la luz de todo lo vivido en los tiempos anteriores.

(2) Celebrar y agradecer lo vivido por la familia y por todas las familias juntas.

(3) Evaluar el conjunto de la experiencia.

## 8.1. Inspiración y marco

### INDICACIÓN METODOLÓGICA

El marco en esta última sesión se reduce a la mínima expresión. Todo estará dedicado al último ejercicio y celebración.

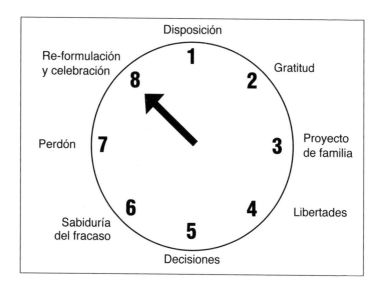

Este comienzo quiere ser a la vez inspiración y marco. Todos necesitamos palabras y signos para no olvidarnos de vivir. Quizás nos ocurra como a aquel rabino «jasídico», Israel de Rizhyn, al que el pueblo acudió para que conjurara los graves problemas que les amenazaban. A todas aquellas personas, el rabino les recordó lo que un siglo antes habían hecho sus mayores cuando les atenazaba una crisis semejante: –Tenéis que saber que ya el rabino Israel Baal Shem-Tov, al que cariñosamente llamamos «el Besht», vivió algo muy parecido. Le llegó la gente en medio de la noche advirtiéndole de que tenían que abandonarlo todo. Entonces él les dijo: «*¿Por qué desesperar? Tan solo una lágrima sincera o una única oración podrían llegar a alterar el curso de los acontecimientos*». Pero, ante la insistencia del pueblo, entonces se levantó y se adentró de noche solo hasta el mismo centro del profundo bosque. Allí encendió un fuego con sus propias manos y ramas, recitó una oración durante toda la noche y al alba la paz de Dios le confió que la desgracia había quedado revocada. Desde entonces, cada vez que el pueblo se desconsolaba, el Besht iba al centro del bosque, encendía otro fuego y recitaba la misma oración, y ese solo gesto bastaba para que el pueblo recobrara la paz.

Años después de que el Besht falleciera, uno de sus discípulos, el Maguid de Mezeritch, tuvo que enfrentarse junto con su pueblo a una prueba similar. Recordó la tradición y caminó por el bosque hasta alcanzar el lugar en el centro del bosque al que el Besht acudía. Pero al llegar allí se dio cuenta de que no sabía cómo se encendía un fuego solo con ramas y dijo: «*Señor, no sé cómo hacer un fuego, pero sí puedo recitarte nuestra oración*». Y tras la noche, el alba le trajo de nuevo la paz a él y al pueblo. Pasó otra generación y otro rabino, Moshé Leib de Sasov, discípulo del discípulo del Besht, vio entrar a un gran gentío de su pueblo en la sinagoga mientras hacía sus oraciones y le dijeron: «*Rabí, estamos aterrados, no sabemos cómo hacer frente a esta crisis. ¿Cómo superaron todas las amenazas nuestros antepasados?*». Él hizo memoria y atravesó la noche oscura hasta hallar el centro del bosque. Entonces dijo a Dios: «*Señor, no sé cómo encender el fuego y no sé recitar la oración de nuestros mayores, pero aquí me tienes en el mismo lugar esperando tu paz*». Y les fue concedida.

El rabino Israel de Rizhyn miró a los ojos a aquel gentío que le había venido a implorar que les ayudara en su crisis. −¿Y qué queréis que yo haga? No sabría encender un fuego, hace mucho que se olvidaron las palabras de la oración y hemos perdido aquel lugar desde el cual nuestros mayores esperaron a Dios. Quizás solo tenemos una cosa que hacer. Entonces el rabino puso su rostro entre sus manos y con todo su pueblo rogó así: *«Señor, no conozco tu lugar. He perdido tu oración y ya no somos capaces de encender fuego en medio de nosotros. Lo único que sé es contar esta historia entre tú y nosotros una y otra vez sin cesar. ¿Bastará?»*. Y bastó y la crisis cesó.

Nadie puede vivir sin proyectos, sueños e historias compartidas. ¿Somos capaces de recordarlos sin asfixiar su inocencia? ¿Tenemos un lugar para esas historias? ¿Tenemos un fuego para poder leerlas? ¿Pronunciamos todavía una oración? Elie Wiesel –premio Nobel de la Paz– se pregunta ante esta historia: *«¿Somos capaces de volver a empezar?»*[1].

## 8.2. Ejercicio

El Reloj de la Familia comenzó con un tiempo en el que buscamos la disponibilidad para darnos un tiempo para ponernos en hora. Luego nos cimentamos sobre la gratitud y después describimos cuál había sido hasta ese momento nuestro proyecto de familia. En un cuarto tiempo, cuidamos la libertad de cada uno, y luego revisamos cómo deliberamos y decidimos. En

---

[1] Esta historia está narrada con fuentes procedentes de Elie Wiesel (E. WIESEL, *Celebración jasídica: semblanzas y leyendas*, Sígueme, Salamanca 2003), Martin Buber (M. BUBER, *Cuentos jasídicos: los maestros continuadores*, Paidós, Barcelona 1983) y Ben Zimet (B. ZIMET, *Cuentos del pueblo judío*, Sígueme, Salamanca 2002).

el sexto tiempo aprendimos cómo enfrentar los fraca-sos, y en el séptimo tiempo buscamos el perdón y la reconciliación. La octava hora del Reloj de la Familia nos propone que nos demos tiempo para re-formular aquel proyecto de familia a la luz de todo lo revisado, experimentado y aprendido. Será imprescindible tener delante el proyecto de familia tal como lo habíamos dibujado.

## INDICACIÓN METODOLÓGICA

Hay que recordar previamente a las parejas y fa-milias que deben tener durante la sesión las eva-luaciones realizadas desde el primer tiempo del Reloj.

En primer lugar, será bueno evaluar lo vivido hasta el momento. Fijémonos en cada tiempo, leamos una a una las evaluaciones que cada uno y la pareja (o la familia) hizo y pensemos qué nos queda ahora de todo eso. Se trata ahora de recoger todo lo evaluado y hacer una evaluación general de lo vivido durante los siete tiempos en su conjunto.

| PREGUNTAS DE EVALUACIÓN | OCTAVO TIEMPO: RE-FORMULAR Y CELEBRAR |
|---|---|
| ¿Qué palabra resumiría todo lo que he vivido en este tiempo? | |
| ¿Cuál es el sentimiento principal que me queda? | |

| PREGUNTAS DE EVALUACIÓN | OCTAVO TIEMPO: RE-FORMULAR Y CELEBRAR |
|---|---|
| ¿Qué es lo que más me ha sorprendido o he descubierto? | |
| ¿Qué es lo que más agradezco de este tiempo? | |
| ¿Qué podía haber vivido mejor? | |
| ¿Qué aprendí yo? | |
| ¿Y qué creo que aprendimos juntos en mi pareja o familia? | |
| ¿Y qué me gustaría que hiciéramos al respecto de cara al futuro? | |

Cada participante tendrá tiempo suficiente para responder a estas preguntas. Después, se podrá compartir lo escrito en la pareja o familia (o con otras personas en el caso de asistentes que participen solos).

A continuación, se propone retomar el dibujo de la casa que se hizo y reflexionar juntos acerca de cómo puede mejorarse ese Proyecto de Familia. Estas preguntas pueden ayudar, pero cada pareja o familia debe también hacerse sus propias preguntas.

– *¿Qué cosas nos debemos replantear (re-formular, rehacer, constituir, reconstruir, evolucionar, mejorar, actualizar...)?*
– *Recordemos las «estancias» de la casa de nuestro proyecto de familia:*

  o *¿Qué deberíamos apreciar más del legado recibido?*

o ¿Qué es lo más importante que debemos agradecer cada día de nuestra vida común?
o ¿Qué deberíamos cambiar, mejorar o reforzar en nuestra misión?
o ¿Cómo cuidar el fuego de nuestra inspiración? ¿Qué más debe ser una inspiración fundamental de nuestra vida?
o ¿Qué debemos mejorar en nuestras formas de decidir?
o ¿Cómo mejorar nuestro estilo de familia?
o ¿Cómo ayudar juntos al desarrollo de cada uno?
o ¿En qué podemos dar más y mejor fruto como pareja o familia?
o ¿Cómo afrontar mejor los fracasos y adversidades?
o ¿Cómo celebrar mejor las cosas importantes y a cada uno?
o ¿Con quién deberíamos intensificar nuestros vínculos y cuidarles mejor? ¿Qué nuevos vínculos queremos encontrar o fomentar?

— En general, ¿qué cosas tendríamos que potenciar y qué cosas nuevas deben aparecer?
— ¿Cómo cuidar la participación de todos los miembros de la familia? ¿Cómo cuidar las relaciones de dos en dos y cuidar la vida del grupo familiar?
— ¿Cómo cuidar este proyecto de familia? ¿Quizás ayudándonos mejor en grupo con otras familias?

Reescribamos en una nueva plantilla de la casa las mejoras que queremos hacer. A continuación, vamos al grupo general para hacer una última sesión juntos.

## 8.3. Celebración: «Te amo»

Primero visionemos en grupo este breve video que proponemos. Hay un anuncio[2], emitido con motivo del día de la madre, que fue comisionado por la *Euskal Telebista* –televisión del País Vasco–. Este video nos introduce en el aula de un colegio, en la que un grupo de niños de unos cinco o seis años está pintando un regalo para entregar a sus madres con motivo de su día. La profesora se extraña de que uno de los niños simplemente escriba en letras gruesas «*TE AMO*» en una página y además apriete tanto la pintura, haciendo una composición desarreglada y descuidada. ¿Por qué ese niño ha hecho ese dibujo tan basto? Se ve el dibujo –que en realidad consiste en dos palabras en grandes letras– y no se entiende que haya mucho amor en la forma de hacerlo. Desde luego, no es evidente que el niño haya puesto mucho amor ni cuidado. Por el contrario, pese a poner «te amo», el aspecto es desordenado, confuso, imperfecto, incluso salvaje. Aprieta con todas sus fuerzas, casi atraviesa y rompe el papel. El niño sale del colegio y vuelve a su hogar. La madre, una hermosa joven, está sentada junto a una ventana en una estancia muy blanca. El niño le entrega el papel, pero al revés, y ella, en vez de mirarlo, lo palpa, pues es invidente. Reconoce perfectamente las letras. El niño había marcado tanto las letras para que se grabara su relieve en el reverso, y que así su madre pudiera leerlo. «Feliz día, mamá», aparece sobrescrito en la pantalla.

---

2   *Día de la Madre*. GAMEmusic, Garrido-Mejías Producciones. ETB. https://www.youtube.com/watch?v=waV5-G1Q4mQ

Proponemos este último ejercicio que, en realidad, es una celebración. Cada uno ha de tomar una hoja y escribir con letras gruesas y con trazo fuerte una última palabra que quiera transmitir a la pareja o a la familia. Es importante marcar bien fuerte la palabra para que pueda ser palpada y leída por otros. Los demás no han de ver lo que se ha escrito. Cuando cada uno haya escrito la suya, hay que dar el reverso que no está escrito, donde se ha grabado la palabra. Si la hemos escrito al revés será más fácil de descifrar. El otro o los otros han de palparla con los ojos cerrados hasta descubrir cuál es. Luego, júntense las páginas y guárdense bien. Ha sido una última celebración antes de terminar el Reloj de la Familia y de que nuestro tiempo de familia entre otra vez en el tiempo del mundo, sabiendo que hay algo que, por mucho tiempo que pase, merece ser eterno.

## 8.4. Compartir

Al compartir, vamos primero a comentar qué cambios hemos hecho en nuestro proyecto de familia y luego la palabra que hemos escrito para los demás. Respondamos a estas preguntas:

- *¿La han logrado leer?*
- *¿Qué crees que han sentido al leerla?*
- *¿Qué quisiste decir con ella?*

## 8.5. Evaluar toda la experiencia del Reloj de la Familia

En este momento en que finaliza el Reloj de la Familia, no vamos a evaluar este tiempo, sino el conjunto de la experiencia. La evaluación responderá a las siguientes preguntas, individualmente y por escrito (ya que luego se va a entregar a los guías o relojeros de la experiencia). No se ha de poner nombre, es una evaluación anónima.

| | A destacar positivamente… | A revisar para mejorar… |
|---|---|---|
| *ACOGIDA Y ATENCIÓN A LAS PERSONAS* | | |
| *ORGANIZACIÓN (calendario, horario, espacio, equipamientos…)* | | |
| *GUÍAS (RELOJEROS)* | | |
| *VIDEOS O MOTIVOS DE INSPIRACIÓN* | | |
| *LA EXPOSICIÓN Y CONTENIDO DE LOS MARCOS* | | |
| *LOS EJERCICIOS REALIZADOS* | | |
| *CAFÉS Y COMIDAS* | | |
| *GRUPO (número, ambiente, relaciones, actitudes…)* | | |
| *¿Pensáis que os ha ayudado esta experiencia? ¿En qué?* | | |
| *¿Cómo creéis que podéis seguir construyendo proyecto?* | | |
| *Observaciones libres que queráis hacer sobre la experiencia* | | |

Vamos a compartir uno a uno una valoración general de la experiencia, destacando especialmente la pregunta novena: ¿en qué os ha ayudado esta experiencia?

Finalmente, hay que entregar la evaluación escrita a los relojeros. Será muy bueno que los relojeros digan unas últimas palabras de agradecimiento a todos, a quienes han hecho posible la experiencia, y quizás resalten aquellas ideas finales que crean que son importantes para ese grupo de familias. En cada momento serán distintas las observaciones.

Será muy bueno terminar la experiencia compartiendo juntos una comida o una cena. Una eucaristía previa sería clave.

> ## INDICACIÓN METODOLÓGICA
>
> No olvidéis tomar una fotografía de todo el grupo. La gente agradecerá tener ese recuerdo. Si podéis, enviadnos esa y otras fotos a nuestro correo electrónico: familia@cvx-e.es

## 8.6. Evaluación final de los relojeros

Proponemos a quienes han guiado la experiencia que ellos mismos hagan una evaluación que recoja todo lo escrito en las evaluaciones individuales de los participantes y sus propias observaciones. No hay que hacerla durante la experiencia, sino que es bueno hacerla unos días después (ya que hay que despedir adecuadamente a las familias, los relojeros estarán cansados, hay que leer despacio las evaluaciones individuales y es mejor dejar reposar la experiencia). Agradecemos mucho que enviéis esa evaluación de los relojeros por escrito (preferentemente en inglés, francés o español, pero traduciremos cualquier idioma) a nuestro correo: familia@cvx-e.es

# Plegarias
## para todos los tiempos

El Reloj de la Familia está diseñado para que sea realizado por todo tipo de personas, sean cristianas o no. Habrá grupos a los que les ayude incorporar componentes religiosos a la realización del Reloj[1]. En todo caso, los relojeros verán, según las circunstancias, qué es lo que conviene al respecto, dependiendo de las familias participantes. Lo mejor es hablar con cada una de ellas antes de que comience el proceso del Reloj.

---

[1] Muchos celebran una eucaristía en el tiempo octavo ofreciendo todo el material que han elaborado. Otros hacen plegarias comunes al comienzo del día. En otras ocasiones ayuda que, antes de comenzar el ejercicio, cada familia lea en voz alta una plegaria. En esta sección final ofrecemos una serie de plegarias que pueden ayudar al comienzo de cada tiempo. En grupo grande se pueden hacer leyéndolas como un coro (a una voz, a dos voces, haciendo una ronda en la que lee una persona cada frase hasta que finalice, o de otros modos) o se puede hacer –con *Power Point* u otro programa– una proyección con imágenes. Hay experiencias del Reloj en las que personas no creyentes han valorado positivamente la modesta pero transparente presencia de componentes religiosos.

## DARNOS UN TIEMPO Y TODOS
(para el primer tiempo)

¿Quieres que nos veamos desde el corazón?
Desde ahí los ojos siempre ven con claridad.
Mirarnos con el lenguaje del corazón
para descubrir y redescubrirnos
sin palabras repetitivas para encontrarnos.
Estamos a tiempo si nos lo damos. Tiempo
para dar un paso. El más difícil es el primero,
aquel en el que expresas tu decisión
de poner en hora nuestro reloj común,
no perdernos el ritmo, el latir, no dejarnos
de dar cuerda. Dame un cuándo.
Dame un cómo. Dame un dónde. Junto a ti.
Dame la hora más acogedora,
una hora que sea un antes y un después,
una hora en que solo hablemos,
que nos hagamos capaces de decirnos
lo mejor. Dame hora para andar a la vez,
para amar y servir de la mano una y otra vez.

El mundo a veces está frío,
la tierra se nos hace islas,
el tiempo se nos va de las manos,
perdemos los papeles,
no estamos separados sino distraídos.
No es que no te quiera,
es que a veces no me da tiempo de decírtelo
antes de dormir. Dame una hora en vela
junto a ti. Quiero arraigarme en ti
y desplegar nuestras alas para volar
a donde nos lleve la ternura del amor
a todos en todo. Demos la vuelta
a la esfera del reloj. Estamos a tiempo
si nos damos tiempo, si me doy.
Dame un tiempo y todos te daré.

## A LA LUZ DE LA PALABRA
(para el primer tiempo)

(Compuesto con palabras del capítulo 1
de *La alegría del amor*, del papa Francisco)

La Biblia es una historia de familias
a la que sumamos nuestro hogar:
poblada de historias de amor,
fecundidad de generaciones y crisis familiares
desde la primera a la última página
del Libro de la Humanidad.
La Palabra de Dios es una compañera de viaje para todos,
también para familias en medio del dolor.

Jesús fue familiar, fue a familias,
muchas familias fueron por él.
Se deja involucrar en la muerte de la hija de Jairo,
y en el hogar donde muere y revive Lázaro,
el hermano mayor.
Escucha el grito desesperado de la viuda de Naín
ante su hijo muerto,
cura el clamor del padre del joven epiléptico
en un pequeño pueblo,
se preocupa porque salga bien la boda de Caná
o porque haya invitados que no quieran ir.
Encuentra a Mateo en su propia casa
y se invita a la de Zaqueo para cenar.
Conoce las tensiones de las familias con hijos difíciles
o familias con víctimas de la violencia.
Conoce la pesadilla de una familia pobre
que pierde su moneda.
Conoce todas las horas de secreta carpintería
que construyen cualquier hogar.

La pareja que ama y genera la vida
es verdadera escultura viviente de Dios creador.

El amor fecundo es símbolo de la intimidad de Dios.
La ternura es el horizonte de todo amor.

En el tesoro del corazón de María
están todos los acontecimientos
de cada una de nuestras familias
y puede ayudarnos a interpretarlos
para reconocer en cada historia familiar
el mensaje de Dios.

## TODO RECOMIENZA POR LA GRATITUD
(para el segundo tiempo)

Al empezar, la gratitud. Decir gracias
lo empieza todo bien.
Es la mejor tierra para que cualquier cosa germine.
Si queremos avivar algo,
recuperarlo, sanarlo, reconciliarlo,
debemos comenzar por la gratitud.
Es un modo de estar en el mundo:
al decir gracias con la boca,
las dices con todo el cuerpo y alma.
El agradecimiento es el primer hogar
de la hospitalidad. Reconozco
que hay cosas que solo pueden ser hechas con amor.

La gratitud no mide ni pesa
a cambio del favor
sino que da porque da:
gracia, pura gracia del dar,
gracia es tomar la iniciativa de dar.
Cualquier bien es mejor
cuando es una donación.
El asombro forma parte de la gratitud.
No nos la merecemos
sino que somos bendecidos,
elegidos, queridos.

¿Cómo se vive de modo que la vida
sea un modo de agradecer?
¿Cómo vivir
dando gracias?
Dar gracias es una celebración,
pura alabanza con la boca y el vivir.

Aprender a dar gracias de nuevo
cada día. Agradecer es
la memoria del corazón.
Si no sabemos agradecer,
entonces aprendamos a recordar.
Enséñame el mapa de la gratitud.

## EL PROYECTO DE FAMILIA:
## TODA LA VIDA, TODO EN COMÚN
(para el tercer tiempo)

(compuesto con palabras
de *La alegría del amor*, del papa Francisco)

Después del amor que nos une a Dios,
nuestro amor nupcial es la máxima amistad:
la estabilidad de la intimidad,
la reciprocidad de la ternura,
construir juntos toda una existencia
con un árbol que no deja de crecer.

Para amarte no puedo pensar que sea solo un tiempo.
Amo toda tu biografía, toda tu vida, toda tú.
Te quiero siempre y todos los siempres.
Movamos «siempres»: los que siempre están,
los de los que siempre están a todas,
a todo y en todo, los siempres del siempre sí.
Siempre contar conmigo hasta lo incontable.
Dime siempre y no acabes jamás
ni en la eternidad.

En el matrimonio conviene cuidar la alegría del amor
–aquella que puede vivirse aun en medio del dolor–.
Nuestra alianza es gozos y esfuerzos,
tensiones y descansos,
sufrimiento y liberación,
satisfacciones y búsquedas,
molestias y placer,
siempre es el camino de la amistad,
que nos mueve a cuidarnos
en todo. En todo amar y servir.

El amor al otro implica ese gusto
de contemplar y valorarte bello
y sagrado tu corazón de único ser.
Muchas heridas se originan
cuando cesa esa contemplación.
No dejes de mirarme cuando te hablo,
no dejaré de tener ojos para ti.
El amor abre los ojos y permite ver
más allá de todo lo que pueda ponerse entre tú y yo.

Estamos hechos para amar
y las alegrías más intensas de la vida brotan
cuando juntos somos felicidad de los demás.
Pocas alegrías son tan hondas y festivas
como lo que luchamos juntos a la vez.

No somos un contrato de papeles
sino la institución que da el compartir.
Reinstituir el valor de la alianza
de lo que nunca quiere dejar de ser nupcial,
un solo camino de dos y dos en uno solo.
Protégeme de las noches de dudas
bajo el sí que es siempre pero nunca deja de crecer.

## QUIERO HONRAR TU LIBERTAD
(para el cuarto tiempo)

Quiero honrarte con la libertad,
quiero honrarte haciendo tus sueños,
siendo para ti todo pero sin ser dueño.
Honrarte sabiendo de tu ser
incluso cuando callas y no sé.
Y debo imaginar en qué creces,
dónde volará tu vida todavía más.

Déjame llevarte de nuevo los libros a tu escuela,
despejarte el camino en tu carrera,
sentarme cerca y aprender más de ti,
igual que tú velas por mí.

Nunca soy más yo que cuando estoy contigo,
nunca más fiel a mí mismo que cuando
soy en ti. Nunca estar contigo me ata
con ninguna cuerda, sino que me libera
hasta de las dudas me protege tu libertad.

## DON DEL DÓNDE
(para el cuarto tiempo)

Cada familia, a pesar de su debilidad,
puede llegar a ser una luz en la oscuridad del mundo.
Nada hay más sólido, más profundo,
más denso, más seguro
ni más sabio que el primer anuncio
del Ángel del mayor Amor.
Cristo vivo en tanta historia de amor,
en nuestra historia de amor:
esta alianza es un don.

Cuidar este don divino
que no es convención ni rito

ni mero signo
sino un árbol
de siempres y arribas
que merecen ser eternos
y lo serán.

Necesitamos sumergirnos en el misterio
de la Navidad y el secreto de Nazaret,
lleno de perfume a familia.
Misterio que a tantos fascinó.
Matrimonio comunidad de vida y de amor,
taller Tiempo, taller Lugar,
llamada a todas horas,
vocación de un lugar en el mundo
que eres tú para mí,
que soy yo para ti
y que hay que discernir.

## SERES DE TIEMPO
(para el quinto tiempo)

Elegir no es un momento
sino un modo de vivir
eligiendo, no reaccionando:
discernir es un modo de estar viviendo
como caminar un modo de estar en el camino,
siempre creciendo con él.

Somos seres de tiempo,
vivir juntos es darnos cada día
un tiempo para la luz,
un tiempo para agradecer,
un tiempo para ver qué fue en vano,
un tiempo para el perdón,
un tiempo para esperar lo mejor.

Con el corazón en la mano
hablemos de lo que no está dicho
y de lo que falta por decir.
Con la brújula en la mano
busquemos por dónde va el camino
y a qué.
Con la linterna en la mano
iluminemos las dudas
y los tropiezos de lo oscuro.
Con el corazón en la mano
–incandescente de amor–
siempre sabremos en dónde se ama más.

Naveguemos a alta mar,
no nos andemos con bajuras,
no acortemos el vivir
ni abajemos la mirada.
Subamos a las tierras altas
donde se secan las perezas
y dan ganas de subirse al Sol.
Y si me canso, dame la mano.
Y si me cansas, dámela otra vez.
Y si te canso, no me la sueltes, no.

Lo malo crece cuando se esconde,
lo malo sube cuando se deja pasar
como si nada.
Lo malo siempre lo complica todo.
Vente a lo esencial y tráete luz.
Échale ganas a la vida
y hagamos aquello
que solo podemos con amor.

## A VECES SE GANA, A VECES SE APRENDE
(para el sexto tiempo)

La sabiduría de Jesús y del Ángel:
que a veces se gana y a veces se aprende.
Sería bueno a los años poder decir:
modestamente creemos
que sabemos fracasar bastante bien.
Aprender es lo último que dejaremos de hacer.

No somos nuestros fallos:
somos mucho mejores que nuestros problemas.
El bien siempre es más profundo que el mal,
la verdad que la mentira,
la belleza siempre puede más
que las cosas feas de la vida.
Las cosas nos duelen porque amamos,
porque somos más hondos que el propio vivir.

En la familia vivimos a flor de piel,
vivimos en nuestras lindes,
vivimos al límite. En el hogar damos
y no damos para más.
Pero vivir en familia
es elegir amar una y otra vez.
Elijo amar. Elegimos amar.
Es nuestra opción.
En cada fracaso aprendo libertad.
No necesito sentirme un héroe
ni un santo para decir amar,
tan solo tener letras y manos
para formar la palabra amor
encima de la mesa,
incluso aunque ahora no quieras mirar.

Que nos fallamos lo sabemos,
que fallaremos lo tememos:

lo importante es qué vamos a hacer
con ello. La mayor pobreza
es no saber evitar el mal
a mi pesar. Es el momento de la fe.
Es el misterio de aprender
de ti y de mí en la escuela del perdón.

## EL AMOR NUNCA FRACASA
(para el séptimo tiempo)

Aunque fracasen cosas en la vida,
nunca fracasa el amor que puse ahí.
El amor nunca fracasa,
Dios nunca va a dejar
que el ser humano sea un fracaso
aunque se falle a sí mismo.
Nada está fuera del perdón.
El perdón es el más elevado
acto de libertad. Perdonar
pese a todo y aun pese a mí.

En el fracaso el amor queda desnudo
pero hay algo que ningún fracaso
puede quitarnos: elegir amar
una y otra vez. En el amor
nuestra fuerza siempre está intacta,
no se desgasta. A veces simplemente
hay que ponerse al lado del otro,
sin mediar palabra. Que hablen nuestras manos,
que hablen nuestros pies, que hable la presencia
de nuestro cuerpo que no quiere irse de ti.
Es la hora de la incondicionalidad.

Somos mucho mejores de lo que pensamos.
Y tendremos que ser mucho mejores
de lo que pensábamos.
Nada del amor puesto está perdido para Dios,

él lo guarda todo en su abrazo eterno.
En cualquier desencuentro
usa la primacía del abrazo,
los brazos abiertos esperando,
custodiando todo lo amado
para que no se olvide ahora
que más necesario es.

Suelta las armas, abre las manos:
con los brazos armados, con los puños cerrados
nunca se puede abrazar.
El perdón no es hacerse de menos
sino el amor buscando crecer.
Imaginar alternativas, buscar sitio en el bosque cubierto,
orientar nuestros brazos hacia el Sol del otro,
dejarnos crecer a la luz.

Cuando perdonamos, abrimos nuestras almas,
nos conocemos mejor.
A nadie se le conoce
hasta que no tiene que perdonar.
Aquellos que no se han perdonado nunca,
no han comenzado a crecer.

La vida siempre puede más,
el amor puede con todo.
El amor es quizás el mayor signo
de esperanza: no estamos encerrados
en nuestros fracasos.
Quizás el perdón sea el mayor
ejercicio de libertad que podemos hacer.
El perdón impide que la última palabra
la tenga el poder.

## EL ESPÍRITU DEL MATRIMONIO
(para el octavo tiempo)

(compuesto con palabras del capítulo 9
de *La alegría del amor*, del papa Francisco)

El Señor habita en la familia real y concreta,
con todos sus sufrimientos,
luchas, alegrías e intentos.
Cuando se vive en familia es difícil fingir
pero si el amor anima esa autenticidad,
el Señor reina allí con su gozo y su paz.
La espiritualidad del amor familiar está hecha
de miles de gestos reales y concretos
y en esa variedad de dones y encuentros
Dios tiene su morada.
Una comunión familiar vivida
es unión íntima con Dios.

Si la familia logra concentrarse en Cristo,
él unifica e ilumina toda la vida familiar.
Los dolores y angustias se experimentan
en comunión con la cruz del Señor
y el abrazo con él permite sobrellevar
los momentos de lo peor.
En los días amargos de la familia
hay una unión con Jesús
que puede evitar que se rompa el último puente
que siempre lleva al amor.

Y los momentos de gozo, descanso, fiesta y sexo
son participación en la vida plena de su resurrección.
Los cónyuges conforman con diversos gestos cotidianos
el espacio en que experimentar la presencia mística del Señor.

La vida en pareja es una participación
en la obra fecunda de Dios

y cada uno es para el otro
una permanente provocación del Espíritu.
¿Qué quieres que haga por ti?

Querer formar una familia
es animarse a ser parte del sueño de Dios,
es animarse a soñar con él,
es animarse a construir con él,
es animarse a jugarse con él
esta historia de construir un mundo
donde nadie se sienta solo.

Bajo el impulso del Espíritu, el núcleo familiar
sale de sí para derramar su bien en otros,
para cuidarlos y buscar su felicidad,
particularmente en la hospitalidad.
Cuando la familia acoge y sale
hacia los demás,
especialmente hacia los pobres y abandonados,
es símbolo de la Iglesia y su maternidad.

Caminemos, familias, sigamos caminando.
Lo que se nos promete es siempre más.
No desesperemos por nuestros límites,
pero tampoco renunciemos a buscar
la plenitud de amor y de comunión
que el Señor nos prometió
y promete una y otra vez.

## ORACIÓN A LA SAGRADA FAMILIA

(Compuesta íntegramente por el papa Francisco;
con esta oración finaliza *La alegría del amor*)

Jesús, María y José,
en vosotros contemplamos
el esplendor del verdadero amor.

A vosotros, confiados, nos dirigimos.
Santa Familia de Nazaret,
haz también de nuestras familias
lugar de comunión y cenáculo de oración,
auténticas escuelas del evangelio
y pequeñas iglesias domésticas.
Santa Familia de Nazaret,
que nunca más haya en las familias episodios
de violencia, de cerrazón y división;
que quien haya sido herido o escandalizado
sea pronto consolado y curado.
Santa Familia de Nazaret,
haz tomar conciencia a todos
del carácter sagrado e inviolable de la familia,
de su belleza en el proyecto de Dios.
Jesús, María y José,
escuchad, acoged nuestra súplica.
Amén.

## MATERIAL QUE LOS RELOJEROS DEBEN TENER PREPARADO PARA CADA TIEMPO

### PRIMER TIEMPO

- Fragmentos de la película *Away we go* (en francés *Ailleurs nous irons*, en español *Un lugar donde quedarse*, *Nos vamos lejos* o *El mejor lugar del mundo*)
- 1 folio para la presentación de los participantes
- Carteles de tamaño A4 con frases
- Lista con las preguntas que hay que responder
- Hoja con las preguntas de la evaluación

### SEGUNDO TIEMPO

- Video de Constantin Pilavios (2007) *What is that?*
- Hoja de tamaño A3 para el mapa del tesoro de los participantes
- Hoja con las preguntas de la evaluación

### TERCER TIEMPO

- Fragmentos de la película *Life as a House* (*La casa de mi vida*)
- 1 plantilla de la casa en tamaño A3 por persona y 1 más por pareja o familia
- Lista con las preguntas que hay que responder
- Hoja con las preguntas de la evaluación

### CUARTO TIEMPO

- Videos *Precise Peter* y *Anchored*
- 2 copias de la tarjeta-regalo por persona
- Lista con las preguntas que hay que responder
- Hoja con las preguntas de la evaluación

## QUINTO TIEMPO

- Fragmentos de la película *The Family Man*
- Tener 1 copia de la dramatización para cada persona que interprete un papel
- 2 hojas por persona
- Lista con las preguntas que hay que responder
- Hoja con las preguntas de la evaluación

## SEXTO TIEMPO

- Fragmentos de la película *La famille Bélier*
- Lista con las preguntas que hay que responder
- Hoja con las preguntas de la evaluación

## SÉPTIMO TIEMPO

- Video *Head over Heels* (*Patas arriba*)
- Lista con las preguntas que hay que responder
- Hoja con las preguntas de la evaluación

## OCTAVO TIEMPO

- Lista con las preguntas que hay que responder
- 1 copia de la casa del Proyecto de Familia en tamaño A3 para cada persona
- 1 hoja por persona para la celebración del «Te amo»
- Hoja con la evaluación de los 7 tiempos
- Hoja de la evaluación final de todo el Reloj de la Familia

# Bibliografía

AUTRY, J. A., *Choosing Gratitude*, Smyth & Helwys Publishing, Macon, Georgia 2012.

BARTLETT, M. Y. y D. DESTENO, «Gratitude and prosocial behavior. Helping when it costs you»: *Psychological Science* 17 (2006).

BOEHM, J. K., S. LYUBOMIRSKY y K. M. SHELDON, «A longitudinal experimental study comparing the effectiveness of happiness-enhancing strategies in Anglo Americans and Asian Americans»: *Cognition & Emotion* 25 (2011).

BUBER, M., *Cuentos jasídicos: los maestros continuadores*, Paidós, Barcelona 1983.

BUSCAGLIA, L. F., *Living, Loving and Learning*, Ballantine Books, New York 1982.

DEWALL, C. N., N. S. LAMBERT, T. B. KASHDAN y F. D. FINCHAM, «A grateful heart is a non-violent heart: cross-sectional, experience sampling, longitudinal and experimental evidence»: *Social Psychological and Personality Science* 3 (2012).

EMMONS, R. A. y M. E. McCULLOUGH (eds.), *The psychology of gratitude*, Oxford University Press, Oxford 2004.

EMMONS, R. A., *Thanks! How practicing gratitude can make you happier*, Houghton Mifflin Co., Boston 2008 (trad. esp.: *¡Gracias! De cómo la gratitud puede hacerte feliz*, Ediciones B, Barcelona 2008).

EMMONS, R. A., *Why gratitude is good*, Website Greater Good, Greater Good Science Center, 16 de noviembre de 2010 (http://greatergood.berkeley.edu/article/item/why_gratitude_is_good).

EMMONS, R. A., *Ten ways to become more grateful*, Website Greater Good, Greater Good Science Center, 17 de noviembre de 2010 (http://greatergood.berkeley.edu/article/item/ten_ways_to_become_more_grateful1).

EMMONS, R. A., *Gratitude Works! A 21-Day program for creating Emotional Prosperity*, Jossey-Bass, San Francisco 2013.

HOWELLS, K., *Gratitude in education: a radical view*, Sense Publishers, Rotterdam 2012.

IGNACIO DE LOYOLA, *Ejercicios Espirituales*, Sal Terrae, Santander 2010.

KRISHNA NAMBIAR, A. K., *Namaste: its philosophy and significance in Indian culture*, Spiritual India Publishing House, Delhi 1979.

LESOWITZ, N. y M. B. SAMMONS, *The Gratitude Power Workbook: Transform Fear into Courage, Anger into Forgiveness, Isolation into Belonging*, Viva Editions, Berkeley 2011.

LEVEY, J. y M. LEVEY, «Understanding the Science of Gratitude»: *Huffington Post*, 1 de enero de 2011 (http://www.huffingtonpost.com/joel-michelle-levey/understanding-gratitude_b_888208.html).

LYUBOMIRSKY, S., L. KING y E. DIENER, «The benefits of frequent positive affect: Does happiness lead to success?»: *Psychological Bulletin* 131 (2005).

LYUBOMIRSKY, S., R. DICKERHOOF, J.-K. BOEHM y K.-M. SHELDON, «Becoming happier takes both a will and a proper way: An experimental longitudinal intervention to boost well-being»: *Emotion* 11 (2011).

MALZIEU, M., *La mecánica del corazón*, Random House Mondadori, Reservoir Books, Barcelona 2009.

PAPA FRANCISCO, *Exhortación apostólica postsinodal «Amoris Laetitia»*, Mensajero, Bilbao 2016.

SELIGMAN, M. E. P., T. A. STEEN, N. PARK y C. PETERSON, «Positive psychology progress: Empirical validation of interventions»: *American Psychologist* 60 (2005).

TIERNEY, J., «A serving of gratitude may save the day»: *New York Times*, 21 de noviembre de 2011.

VON HILDEBRAND, D., *Über die Dankbarkeit*, EOS Verlag, St. Ottilien 1980 (trad. esp.: *La gratitud*, Encuentro, Madrid 2000).

WIESEL, E., *Celebración jasídica: semblanzas y leyendas*, Sígueme, Salamanca 2003.

WOOD, A. M., J. MALTBY, R. GILLET, P. A. LINLEY y S. JOSEPH, «The role of gratitude in the development of social support, stress and depression: two longitudinal studies»: *Journal of Research in Personality* 42 (2008).

ZIMET, B., *Cuentos del pueblo judío*, Sígueme, Salamanca 2002.

# Índice general